百歳を生きる処方箋

——一読、十笑、百吸、千字、万歩

Kyozo Ishikawa,MD
内科医・杏林大学名誉教授
石川恭三

河出書房新社

百歳を生きる処方箋——一読、十笑、百吸、千字、万歩＊目次

第二章　身辺整理の極意

第三章　生活を少しだけ改善させるヒント

第四章　まだ捨てたものじゃない

百歳を生きる処方箋

――一読、十笑、百吸、千字、万歩

まえがき

私たちのまわりには、すでに百歳の節目を軽々と通過して、その先を悠然と闊歩している人が何人もいるし、節目を間近にしている人や、また、その後を追いかけている人の行列が延々と続いてもいる。人生百歳時代がすぐ近くまで来ているといわれているが、それが単なる夢物語としてではなく、実現可能が視野に入ってきた話として感じられるようになった。

厚生労働省の調査によると、二〇一七年の百歳以上の高齢者は全国で六万七千八百二十四人となり、二十年間で約六・七倍も増加した。百歳以上の高齢者は、調査が始まった一九六三年は全国でわずか百五十三人だったが、その後、年々増加を続け、二〇〇三年には二万人を超え、二〇〇七年に三万人、二〇〇九年に四万人、二〇一二年に五万人、二〇一五年に六万人を超えた。

国立社会保障・人口問題研究所の将来人口推計によると、総人口が減少する中、百歳以上の高齢者は今後も増え続け、二〇二五年には十三万三千人、二〇三五年には二十五万六千人、二〇五〇年には五十三万二千人になると予測している。二〇〇〇年代に生まれた子供の半数以上が将来百歳以上まで、現在の中高年齢者も多くは九十歳まで生きるとされている。

これからの「人生百歳時代」にどのように向き合うかを本気で考えなくてはならない段階に入ったのである。どんなに年をとっても、認知症にならずに、人に迷惑をかけずに、少なくとも身のまわりのことは自分でして、できれば人の役にも立ちたいと、誰もが願っている。もうこの年になっては、何をしてもどうにもならないのではないかと考えている人がいるかもしれないが、そうでもないことが結構あるのである。

高齢者でも筋トレで筋肉量は増加し、運動機能が強化されることは周知されているし、また、「読み、書き、お喋り」を積極的に生活の中に取り入れることで、認知機能が改善することも明らかになっている。高齢になっても、やればやっただけの成果があることが、まだまだ沢山あるのは本当である。

高齢者の認知症予防と体力維持のために、「一読、十笑、百吸、千字、万歩」を生活習慣として取り入れることを長年にわたって提唱してきた。これに説明を加えると、「一読」は、一日に一回はまとまった文章を読もう、「十笑」は、一日に十回くらいは声を出して笑おう、「百吸」は、一日に百回くらい（一度に十回くらい）深呼吸をしよう、「千字」は、一日に千字くらいは文字を書こう、「万歩」は、一日に一万歩を目指して歩こう、ということである。「一読、十笑、百吸、千字、万歩」を高齢者の毎日の基本的活動の中に取り入れることをぜひお勧めしたい。

ＮＨＫのテレビ番組「チコちゃんに叱られる」の中で、チコちゃんが言う「ボーっと生きてんじゃねえよ！」という衝撃的なセリフは、幼い子供には聞かせたくない、品性を欠いた顰蹙（ひんしゅく）ものだが、私たち高齢者に向かって言われると、情けないことに、まさにその通りだと納得するところがある。

高齢者の日常は往々にして変化に乏しく、毎日が同じことの繰り返しとなり、マンネリ化に陥りやすくなる。そうなると深く考えることをしないで、ただその場の流れに沿って安易に物事を処理するだけになる。このような状態がずっと続くことになれば、認知機能が衰えていくことは目に見えている。そうならないためには、自分自身に向かって、「ボーっと生きてんじゃねえよ!」と叱責する姿勢を堅持することが大切だと自戒している。

そこで私は、昼日中でもやたらと休眠したがる怠惰な脳を強引に覚醒させ、錆びついた思考プロセスをフル回転させて、思ったり、感じたりしていることを雑文にまとめる作業を日課にしている。どうやらこれが性に合っているらしく、私に活力を与えてくれている。こうして綴った雑文をまとめた本書が、読者諸兄姉の日ごろの厳しい思索の合間の箸休めの一助になれば望外の喜びである。

本書の企画・構成に関して、いつもながらの多大な御尽力を頂いた、河出書房新社の太田美穂氏に対して深甚なる謝意を表します。

平成三十年十二月吉日

石川恭三

第一章　のほほんと老人などしていられない

百歳まで生きよう！

——人生の再チャレンジも、夢物語ではない

もうこんな年齢になったんだなあ、とはもうずっと若いころから何かにつけてそう思ってきた。成人になったときでも、十代を振り返ってそう思った。もちろん、三十代、四十代、五十代になったときもそう思ったし、還暦のときは、それまで見えなかった老いの景色が、まだ、はるか遠くではあったが、おぼろげに視野に入ってきた。そして間もなくして定年退職というトンネルを抜けてみると、そこには厳冬の雪国を連想させるような厳しい現実が待ち構えていた。

退職することでそれまでの生きがいの主軸を失った精神的なショックは大きかった。それでも定年の身支度は私なりにしていたので、細々ながらだが医者の原点に戻って

仕事を続ける中に、生きがいを見出している。古希、喜寿、そして傘寿と老いの急斜面を登ってきて、さて、これから先はどうなるのだろうかと、見上げてみるのだが、何かが見えるようで見えない。

そんなとき、次の節目となるのは米寿なのだが、はたしてそれまでもつかどうか、それより手前の東京オリンピックまでなら何とかなるかもしれない、などと弱気に命の先読みをしている自分に気づいて、少し前まではもっと強気だったのにと、ふっとため息が出た。

これからは、人生百年時代になる、といわれるようになった。

二〇一六年（平成二十八年）の平均寿命は女性八十七・一四歳、男性八十・九八歳である。そして、女性の二人に一人、男性の四人に一人が九十歳まで生き、さらに、女性の四人に一人、男性の十人に一人が九十五歳まで生きるという。こうなると、人生百年といっても、別に不思議でも何でもない。

これらの数値は二〇一六年に生まれた人についての推測値であって、今の高齢者にそのまま当てはまるわけではない。だが、平均寿命がここまで延びた理由として、医療の進歩によって心疾患、脳血管疾患、がんなどの死亡率が下がったこと、経済発展や公衆衛生の普及、そして、健康志向の向上などが挙げられていることを考えると、それらの恩恵を多分に受けてきている今の高齢者にも百年人生は丸っきりの夢物語ではないといえよう。

人間が百二十年生きられる医学的根拠

医学部二年（当時は入学後の二年間は教養課程と呼ばれ、学部に関係なく、一般教養の授業が行われていた）のときのドイツ語の副読本が『人間は百二十年間生きられる』だった。ドイツ語を習い始めて一年後に、かろうじて文法の一通りを修了した段階で、専門書ではないにしても一応医書の部類に属するドイツ語の本が教材とされ、授業について行くのに悪戦苦闘した。この本は語学の教材として読んだのでその内容まではよく覚えていないのだが、黒パンとチーズを食べることが推奨されていたことだけは記憶にある。

この本のタイトルになっている『人間は百二十年間生きられる』は、今でも正しいと認識されている。ギネス認定されているフランス人のカルマンさんは享年百二十二であり、百二十五歳以上生きた人はこれまでにいないとされている。

人間が百二十年間生きられるという根拠になっているのが細胞分裂の仕組みである。人間の細胞は日々分裂を繰り返して、そのたびに新しく生まれ変っている。もし、この細胞分裂ががん細胞のように無限に続くのであれば、常に新しい細胞に生まれ変ることになるので、人間はいつまでも生きられることになる。

しかし、実際にはほとんどの細胞の分裂回数は有限であり、分裂するたびに短くなり、いずれは分裂するには不可能な短さになる。その限界が大体、五十回程度だとされていて、これを年数に換算すると百二十年前後になると考えられている。

さて、百歳まで生きるとなると、あと何年あるのだろうかと考えてみると、傘寿を越した私ですらあと二十年近くもある。五十歳の人ならこれまで生きてきた年数と同じ人生が行く手に広がっていることになる。まあ、百歳までは無理だとしても、それに向かっての夢を追ってみるのも面白いかもしれない、と思えてくる。

つつましく生きるか、働いて稼ぐか

百歳までの人生を考えるとき、まず頭に浮かんでくるのが、健康と経済と生きがいである。どんなに高齢になっても、身のまわりのことは自分でできて、自分が自分であり続けられる知的レベルを保つのが万人の理想であろう。そのためには、健康管理者であるかかりつけ医の指導を受けて、生命予後に関係する医学的な問題点（高血圧、糖尿病、脂質異常、メタボリック症候群など）があれば、それを改善することが不可欠である。

そして、体に悪いこと（喫煙、暴飲暴食、運動不足など）を廃して、体によいこと（「まえがき」で述べた「一読、十笑、百吸、千字、万歩」など）を率先して行うという、ごく当たり前のことを日常生活の中に組み込む必要がある。

長寿を心おきなくエンジョイするにはそれなりの蓄えがあったほうがいい。平均寿命くらいまでなら何とかなると思っていた目論見（もくろみ）が百歳までに延長されるとなると、蓄えが心もとなくなってくる。そうなると手元の資金の目減りを少なくする算段をしなくてはならない。

それには財布の紐を締めるか、働いて稼ぐしかないが、今でもかなりつつましくしているつもりなのに、さらにとなると生活にゆとりがなくなってくる。そんなことをするよりは、働いて稼いだほうがいい、という考えが出てきても不思議はない。

少子高齢化による労働力不足が大きな社会問題になっている現状を考えると、高齢者は若い人たちの支えになるような仕事にもっと積極的に参加すべきなのである。高齢者でも十分間に合うような仕事は高齢者が引き受け、若者の知力と体力を必要とする仕事は若者に任せるという仕組みがあっていいし、事実、社会はその方向に向かっていると思う。


人生百年を目指すうえで心の支えになるのが生きがいである。高齢者にとっての生きがいとは、得意なことや好きなことを継続して行う、人の役に立つことをする、技術や知識を後世に残すための努力をするなど、心が満たされ、安らぎを感じることを実行することであろう。

百歳を生きる、という夢に面白がってチャレンジしてみるのも、いいかなと思っている。

ありがたくもあり、ありがたくもなし

――年寄り扱いされたとき

この間、東京宝塚劇場へ家内と一緒にショーを観に行った。座席は十七列目で劇場のほぼ中央だった。第一部が終わって三十分間の休憩時間に、道路を一つ隔てたところにある帝国ホテルに行って、中をちょっとぶらぶらしてから第二部が始まる少し前に劇場に戻ってきた。

そのとき家内の隣の席にいた、一人は家内と同じくらい、もう一人はそれより少し若い二人の女性が家内に話しかけてきた。ごく普通の話を交わしていて、そろそろ開演のベルが鳴るのではないかと思われたとき、家内と私に向かって、

「どうぞ、お元気で、長生きなさいますように」

と、それもかなり大きな声で話を締めくくった。突然、長生きをなさいますように、と、これまで一度も言われたことのないことを言われたので、これにどう反応したらいいのかわからず、家内も私も、ただ反射的に「ありがとうございます」と、笑顔で応えはしたものの複雑な気持ちだった。

ショーが終わり座席を立ったときも、同じように「長生きなさいますように」と言われ、私たちも同じように礼を述べて別れた。その二人の女性は私たちに好意のエールを送ってくれたことには間違いないのだが、正直、ありがたくもあり、ありがたくもなしの奇妙な心境だった。

誕生日、敬老の日の対処法

家内は学生時代の何人かの友だちとの間で誕生日に花を送ることを長年続けてきたが、最近になって皆の話し合いでやめることになった。物忘れが加速してきて、友だちの誕生日を忘れそうになることが多くなってきたので、もし、忘れたりしたら大変と気を遣うのが面倒になってきたことがその理由の一つらしい。

だが、実際には行きつけの花屋に毎年誕生日に花を送る人のリストを渡していることがほとんどらしいので、忘れることはないはずである。本当の理由は、日ごろは忘れたいと思っている年齢を、誕生日祝いの花束によってブラックジョークのように優しくも厳しく思い知らされるのが、ありがたくもあり、ありがたくもなし、という思いになるというのが一致した見解らしかった。

それと同じ理由で、誕生日や敬老の日に周囲から大仰に祝われると、わが家ではそんな気配は微塵も感じられないほどに無視されているが、やはり、ありがたくもあり、ありがたくもなし、と思ってしまうのではないだろうか。

還暦のときは、主宰していた大学の内科学教室が「還暦を祝う会」を都内のホテルで、まるで五年後の教授退職のリハーサルをしているかのように開催してくれた。私としては、残されたこれからの五年間を精一杯頑張ろうと気合を入れていたときに、はやばやと「お疲れ様でした」と老と労をねぎらわれているような気持ちになり、ありがたくもあり、ありがたくもなしを、ちょっぴり悲哀をまじえて味わった。喜寿や傘寿は家族がそういえばそうだったと、偶然気がついたといった調子で内々でそっと祝ってくれたのがうれしかった。

人から褒められればうれしいにきまっているが、結婚披露宴での媒酌人の新郎、新婦の紹介の中での褒め言葉のように、あまりにオーバーであったり、自分にはおよそ当てはまらないのに、あたかもそうであるように褒められたり、また、その場の主役をさしおいて長々と持ち上げられたりすると、これまた、ありがたくもあり、ありがたくもなしになる。

本音は「そっとしておいてほしい」

入院しているとき、親戚や友人や知人が見舞いに来てくれるのは、病気が快方に向かい、退院するのもそう遠いことではなく、退屈しきっているときには、ちょうどいい話し相手にもなり、ありがたいと思う人は多いだろう。だが、入院したばかりで、この先どうなるかわからないときや、病状が深刻で苦しいときや、病気で弱っている姿を人に見られたくないと思っているときなどの見舞いは、わざわざ来てくれた好意に対して感謝の気持ちはあるが、今はそっとしておいてもらいたいという気持ちのほうが大きいというのが本音であろう。

病室の入り口に面会謝絶の標識が張り出される場合、病状が重篤で面会を許可する状況ではないことが多いのだが、ときには病状とは関係なく、患者さんのたっての希望でそうすることもある。元気のいい同僚が何人も来て、わいわいがやがやと賑やかに過ごして帰ったあと、病人が疲れてぐったりとなり、落ち込んでしまうという光景を何度となく見てきた。

病人の見舞いはありがたくもあり、ありがたくもなし、ということを念頭におくべきである。

その人のためによかれと思ってしていることが必ずしもそうではなく、むしろありがた迷惑になっているかもしれないと思慮することが人間関係を滋味深いものにする要(かなめ)である。独りよがりの親切はありがたくもあり、ありがたくもなしになりかねないことを心に留めておくべきである。

ブルータス、お前もか！
――膝、腰、首、肩の痛みは万人共通

大学病院を定年退職し、家からそう遠くないところにある病院で高血圧専門外来を週二回担当して、もう十五年以上になる。診察している患者さんには、四十代、五十代の人もいるにはいるが、ほとんどが六十歳以上で、中でも多いのは七十代である。八十代、九十代の人も少なくない。そして、高血圧治療を中心にした専門外来という特殊性もあるとは思うが、患者さんは総じて年齢を感じさせない元気な人ばかりである。そうはいっても、

「何か変ったことはありませんか」

と訊ねると、

「近ごろは、どうも……」

と言って、高血圧とは関係のないさまざまな体の不調を訴える人が多い。そんな愁訴で一番多いのは、膝、腰、首、肩などの運動器の痛みである。すでに整形外科で診療を受けている人がほとんどで、まだ十分満足がいくほどには治療効果が得られていないのが悩みの原因になっている。

私自身、患者さんが訴える膝、腰、肩などの運動器のどこの痛みも一通りは体験しているし、腰痛、膝痛はそれほどひどくはないが今でもときどき顔を出すことがある。患者さんのそんな訴えに共感するところが多く、本来の高血圧からかけ離れた話に向かってしまうことがしばしばである。

次に多い愁訴は、めまい、ふらつき、耳鳴りなどの耳鼻科に関係するものである。これらの症状も、個人的にも、近親者にも、これまでも、今でもよく認められているので、他人事(ひとごと)とは思えず、その対処法について自分の経験を交えて話をすることになる。

また、ときには心の悩みや家庭の事情についての聞き役になることもある。こうなると、高血圧外来というより、よろず相談所のようになってしまうこともあるが、これが今の私の役どころではないかと思っている。

思わぬ老化現象に戸惑ったときは

患者さんと話をしていて身につまされることに、年をとってくるとこうも体のあちこちに、それまでなかった不具合がじわじわと、ときには突然、出現して、

「ブルータス、お前もか」

と口にしたくなることがある。この「ブルータス、お前もか」は、今さら説明の必要もないとは思うが、共和政ローマ末期のガイウス・ユリウス・カエサルが議場で刺殺されたいまわの際(きわ)に、腹心の一人であった元老院議員マルクス・ユニウス・ブルータスに向かって叫んだとされる発言で、「ブルータス、お前も私を裏切っていたのか」と非難したものである。

突然、思ってもいなかった老化現象が出現したとき、驚きのあまり、こんな芝居がかった言葉を吐き出したくなるのである。

私には厄介な持病がある。二十年以上も前に頸部・肩・肩甲部・上腕の痛みと圧痛、赤血球沈降速度の亢進などからリウマチ性多発筋痛症と診断された。その後、足の甲（足背部）に著明な浮腫が出現したことから、リウマチ性多発筋痛症と近似しているＲＳ３ＰＥという、まだ日本語の病名がついていない病気の可能性があると診断された。

このＲＳ３ＰＥは英語の病名“Remitting Seronegative Symmetrical Synovitis with Pitting Edema”の頭文字を綴ったもので、頭文字にSがつく単語が三つ続くので「S３」とまとめたものである。これをそのまま日本語の病名に翻訳すると、予後のよい（Remitting）、リウマトイド因子陰性（Seronegative）で、対称性（Symmetrical）に見られる、圧せば凹む浮腫を伴う滑膜炎（Synovitis with Pitting Edema）というひと口では言えないほどの病名になる。

リウマチ性多発筋痛症もＲＳ３ＰＥも病因はまだはっきりと解明されていないが、そのいずれも予後が良好とのことなので、あまり心配しないことにしている。

数年ほど前から手を握るとき手指の関節に軽い痛みを感じていたが、ここにきて右の小指の第一関節にかなり強い痛みが出てきた。これもリウマチ性多発筋痛症かRS3PEかに関連してのことだろうと思って、リウマチの専門医に診てもらったところ、これは高齢者によくみられる腰痛や膝痛の原因と同じで、変形性関節症であるとのことだった。

まさか、指の関節まで老化の代名詞ともいわれる変形性関節症になるなどとは思ってもいなかったので、「ブルータス、お前もか！」と口から出そうになったのである。

そのときできるベストのことを粛々と

そんな矢先に別の裏切り者のブルータスが現れた。長年信頼して使用しているデスクトップのパソコンが突然、起動しなくなったのである。痛む右の小指をなだめながらパソコンのキーボードを叩いていたのに、今度は肝心要（かんじんかなめ）のパソコンが反旗を翻して動かなくなったのである。そこで、「ブルータス、お前もか！」と絶叫する羽目になった。

パソコンに関してプロ級の知識と技量のある知人がパソコンと音響装置を光回線で

つないだりして、かなり込み入った手を加えているので、トラブルが起きた場合には、その知人の助けを借りる以外に方策がない。

だが、このトラブルが発生したときは、運の悪いことに、この知人の一年のうちでもっとも多忙な時期であることを知っていたので、修理を依頼するわけにもいかず、約一ヶ月間、パソコンから離れての生活を余儀なくされた。パソコンで原稿を書くことで思考プロセスがスムースに進行していることが常態化しているので、いざ原稿用紙に手で書くとなると、文字を書く煩わしさと書くのに時間がかかることで思考プロセスの進行が妨げられることになっているのである。

そして、約一ヶ月間、出版関係や友人・知人たちとの連絡網から隔離され、陸の孤島にいるような気分で過ごすことになった。だが、この間に読書量が増えた分だけ脳の栄養分を増やしたことは間違いなかった。

「ブルータス、お前もか！」とならないに越したことはないが、もし、そうなったとしても、でーんと構えて、そのときできるベストのことを粛々と実行して、時の流れに身を任せるのがよさそうだと思っている。

のほほんと老人などしていられない

——好奇心のタネを探そう

何をするのでもなく、ただその折々の時の流れに身を任せて平穏に日々を過ごしている高齢者がこのままでいいと満足しているとはかぎらない。中にはこんな毎日を過ごしていると、今に自分が自分でなくなってしまうのではないかと危惧している人もいるのではないだろうか。

何をしたいのか、何をしなくてはいけないのか、何ができるのかをときどきは考えてみるのも無駄ではないと思う。

大学を退職してから続けている、半日働いて三連休、半日働いて二連休という、週休五日のこのペースは、働き者の同窓生の友人たちからは、働いているうちに入らないと今でも揶揄（やゆ）されている。私自身も初めのうちはダブダブの服を着たような締まらない気持ちがしないでもなかったが、次第に身動きがしやすくなったことに快感を覚えるようになった。

こんな半働半遊ともいえないほどのわずかな仕事だが、「山椒は小粒でもぴりりと辛い」的な効果は十分にある。今の私にとって、何をしたいかの筆頭は、とにかく働けるうちは細々ながらでも働き続けることである。

高齢者の中には、働きたいと思っているが自分に合った仕事がなかなか見つからないと、なかば諦めている人もいると思う。たしかに、働き盛りの人でさえ再就職する場合には、希望するランクよりかなり下の仕事しか選択の余地がないことを覚悟しなくてはならない厳しい現況なので、高齢者が自分のキャリアに見合った仕事に出会うことなどそうあるはずはない。

だが、キャリアのこだわりから卒業して、世間体など気にせずに、新しいことにチャレンジしてみようという好奇心さえあれば、仕事はまだいくらでもある。私のまわりには、そうして仕事を見つけて楽しんでいる人が何人もいる。

文章を書く行為は、認知症予防にもなる

私は書くことが好きなので、もうしばらくの間は書くことを続けたいと思っている。書くといっても今ではもう原稿用紙にではなく、パソコンの画面に向かってキーを打って文章を書いているのだが、このキータッチが私には妙に心地いいのである。書くことに関心を抱くようになったのは、医者になって論文を書くようになってからである。

専門的な学術論文とはいえ、ただ正確に書けばいいというわけではなく、わかりやすく、しかも、魅力的な文章で記述されなければ、一流の専門誌には採用されないと、米国留学中に指導を受けたジョージタウン大学のピップバーガー教授から再三言われていた。

たしかに、私が目指していた世界のトップクラスの専門誌に掲載されていた論文を読むと、序文の数行に記された魅力的な文体に惹きつけられ、この論文をじっくり読みたいという気持ちにさせられた。そして、何とかしてこのような文章で論文を書き

たいと呻吟したものである。

このことが言葉の力を知る一つのきっかけになったのは大きな収得であった。書くことへの関心が高まるにつれて、論文のほかに、専門書、一般の人向けの医書、エッセイなども書くようになった。学術研究からはとうの昔に退いているので、今は心に去来することを蝸牛(かたつむり)の歩みにも似た超低速で、しかも、休み休み書き綴るのを日課にしている。これが実に楽しいのである。

書くのは苦手だとして、文章を書くことから手を引いてしまっている人もいるかもしれないが、文章を考えて書くという行為は脳の活性化を促し、認知症予防にもなることを認識してほしい。思ったり、考えたり、感じたりしたことをそのまま適切な文章にして表現することは、言語中枢をとりまく大脳全体の神経伝播ネットワークをフル活動させ、脳の認知機能を高める大仕事なのである。

孫相手に将棋や料理教室を開けば一石二鳥

書くことから遠ざかっている人へのお勧めは、手紙を書くことである。以前は、お中元やお歳暮の品物が相手に届く前に、手紙や葉書で季節の挨拶に添えて品物を送ったことを伝えることが一般的に行われていたのだが、今では品物だけが送られてくることがほとんどになった。また、贈り物を受け取っても、礼状を出さずにメールや電話ですませてしまう。

そんな非礼をしないで、品物を送る場合も受け取った場合も手紙を出すという風習を復活させれば、ふくよかな人情の交流を深めることができると同時に、認知機能を高めるというおまけまでついてくるのである。友人や知人に近況を報せる手紙を書く、四季の挨拶を書く、年賀状を書くなど、折々に手紙を書く機会はいくらもある。

高齢になると長年にわたって習得して身につけたことを孫の世代に引き継がせたいと思うようになるのかもしれない。私の知り合いの中に、孫息子に将棋や碁の、孫娘に料理や手芸などの手ほどきを買って出て、それを生き甲斐の一つにして愉しんでいる高齢者が何人もいる。私も近々同じようなことをするようになると思う。

私は英語にはいささか自信があると自惚(うぬぼ)れているので、小学六年の孫が中学生になったら、英語の勉強の手助けをしようと、ジジ馬鹿丸出しで今から勇んでいるのである。傘寿を過ぎた今でも、のほほんと老人などしていられないという気概だけは失いたくないと、ちょっとだけ力んでいる。

自分の取り扱い方に注意！
——高齢者ということを自覚する

近ごろの自分は一体どうなってしまったのだろうかと、これまであまりなかった体調の変化に愕然とすることが稀ならずある。まあ、ひと口で言ってしまえば年のせいなのだろうが、それにしてもここにきて急にそんなことになったのは、年のせいだけではなく、体のどこかに異変が生じたのではないだろうか、と不安になってくる。

後期高齢者は「取り扱い注意人物」であると自認して、自分をもっと注意深く取り扱わなくてはならないと思うようになった。

「足元に注意！」と口にこそ出さないが日に何度も己に向かって叫んでいる。もう何年も前からスポーツジムで下肢の筋トレを行っているので、年の割には下肢の筋力の衰えはそれほどでもないと思っているのだが、それでも、ときどき足元が怪しくなることがある。これは筋力の低下による部分もあるとは思うが、それよりも平衡を保つ機能の衰えによることのほうが大きいかもしれない。

いつも「足元に注意！」を忘れないようにと心がけているつもりだが、それでも段差も障害物も何もないようなところで、転びそうになってひやっとすることがよくある。そんなとき、これまで転ばずに何とか体を支えることができたのは、日ごろの下肢の筋トレのおかげと思って、筋トレへのモチベーションを高めている。

柔道では足払いという小技がある。これは、片方の足で体を支える状態に相手を誘い込んで、その瞬間にその足を払って倒すという技である。これで「一本」となることはあまりないが、「技あり」のポイントにはなる。

学生時代に柔道部に所属していたが、背負い投げや内股や大外刈り(おおそとが)などの大技を身につけることはできず、東日本医科学生総合体育大会などの公式戦で勝ったという記憶が一度もない。だが、足払いで自分より上段者を倒して、引き分けに持ち込んだことは何度かあった。

今は、見えない敵に足払いをかけられないように、「足元に注意！」と自分に言いきかせている。

「怠け癖」は自分のためならず

もともとお喋りは好きなほうなので、喋りすぎたと後悔することはあっても、喋らなさすぎだったと思うことなどなかったのだが、近ごろでは、お喋り不足だったのではないかと思うことがときどきある。家族が集まってよもやま話をしているときには、会話の輪の中にごく自然に、ときには中心的存在として、加わっていたのだが、このごろは話題についていくのが億劫（おっくう）になることがあって、そっとその場から離れて自室に引き上げてしまうことが多くなっていた。

そんなあるとき、こんなことをしていると、今に家族との間に壁ができて、独房で過ごすようになってしまうかもしれないと気づいて、それからは会話の輪の中にこっそり滑り込むようにしている。

怠け心の度合いが増してきていることにはもうずっと前から気づいてはいたが、まあ、これも年のせいでしかたがないだろうと軽く受け止めてきた。だが、それにしてもこのままにしていると、今にどうしようもない怠け者になって、周囲から厄介者扱いされるのではないかと不安になってきた。

私は小学校低学年のとき、新潟の母の実家に疎開し、そこで迎えた一学期の成績の悪さにショックを受け、年上で秀才の従姉妹の特訓で夏休みを返上して猛勉したことが今でもはっきりと記憶に残っている。二学期に飛びぬけた好成績だったという記憶はないものの、その後の周囲の話からまずまずの成績を挙げたのではないかと思う。

子供のころに己の菲才(ひさい)に気づいて、人の何倍もの努力をしなければ到底人並みのレベルに到達することはできない、という覚悟を身につけることができたのは奇跡ともいえる幸運だった。努力をしても結果がついてこないことはいくらもあったが、努力をしたからこそ成功したと確信できることも沢山あった。

アメリカの努力家たちに学んだこと

"Don't be lazy!"(怠けるな!)は、かつて主宰していた大学の内科学教室の教室員に向かっての口癖だった。医師国家試験に合格すれば医師免許証が授与され、直ちに医療に携わることができる。だが、当然のことながら、最初の数年間は医師として一本立ちできるほどの力量はなく、指導医のもとでしっかりとトレーニングを受けなくてはならない。

アメリカのワシントンD.C.にあるジョージタウン大学に留学していたとき、インターンや若いレジデントの厳しいトレーニングを見て度肝を抜かれる思いだった。医者になってからの数年間の母校でのトレーニングも決して生易しいものではなく、今の感覚からすれば、過労死レベルともいえるほどの厳しいものだった。

だが、ジョージタウン大学のトレーニングの厳しさはそれとは比較にならないほどであり、また、トレーニングの質の高さには目を奪われるものがあった。そして、彼らは瞠目(どうもく)に値するほど猛烈に勉強していた。

帰国して新設間もない医科大学に教職を得て、若い医師の教育を担当することになった。その際、私の頭にあったのはアメリカの大学病院で身近に見てきたレジデントのあの厳しい教育方式だった。体力と気力だけはあり余るほどあった若い私は、厳しさとは縁の少ない、穏やかな環境の中を歩んできた若いレジデントを教育するに当たり、一流を目指すことを目標にして、“Don't be lazy!”を叫んで、厳しい態度で臨んだ。

その当時の教室員のＯＢが、「あれは、アメリカの海兵隊の新兵を鬼軍曹が厳しいトレーニングで締め上げる映画のシーンのようだった」と述べていたが、まあ、当たらずといえども遠からずであったのであろう。そのころから、“Don't be lazy!”が口癖になり、今はすっかり怠け者になった自分自身に向けて呟いている。

ボケ防止の3K「キョウイク、キョウヨウ、キョウウン」

――「認知症にならない六人」に入るために

還暦を過ぎるころからたいていの人は呆けが心配になる。それでもまだそのころは、呆けるという実感から程遠いところにいるので、多分、呆けずにすむのではないか、という気持ちのほうが優勢であろう。ところが年を重ねるにつれて、少しずつ物忘れの度合いが強くなってくると、これは単なる年のせいではなく、認知症の始まりではないかと少しずつ不安になってくる。

厚生労働省の二〇一五年の発表によると、認知症の患者数は二〇一二年の時点で四百六十二万人、六十五歳以上の高齢者の約七人に一人と推計されている。それが、団塊の世代が七十五歳以上になる二〇二五年には、認知症患者数は七百三十万人になり、六十五歳以上の高齢者の約五人に一人が認知症になると予想されている。

認知症をいかにして予防するかについての研究が世界的規模で行われており、その成果が少しずつだが出てきている。

多くの疫学調査によって、高齢者が認知症に陥りやすいリスク要素として、喫煙、うつ、運動不足、社会的孤立、糖尿病が明らかにされている。これらのリスク要素を排除することで認知症の三割近くが予防できると推定されている。

朝田隆氏（メモリークリニックお茶の水院長）は、高齢者には「キョウイク」と「キョウヨウ」が必要であることを指摘しているが、ここでは「教育」と「教養」という意味ではなく、「今日、行く所」と「今日、用事」があるという意味で述べている。実に言い得て妙である。

人は誰かとつながっていると、脳の機能がよくなると考えられている。今日、行く所があって、やるべき用事があることが人に生きがいと元気を与え、認知機能を維持する要因になっていることは容易に理解できる。

ハードな筋トレのすごい効果

仕事をリタイアした男性の中には、あらたに社会的交流を持つことができずに、家に引きこもってしまう人がいる。このような人が認知症になりやすいことは診療を介しても、また、身近な人たちの話からも実感している。高齢者は自分ではそうと気づかないままに、家に引きこもりがちな生活になっていることがあるのではないだろうか。

私にはその気が多分にある。書斎に引きこもって、書き物をしたり、本を読んだり、音楽を聴いたり、テレビを見たりして、誰にも邪魔されずに一日を自由気ままに過ごしたいのが偽らざる本音である。

だが、一方ではそんなことをしていると脳力も筋力も低下し、認知症になる可能性が高くなることを医師として十分に承知しているので、週に二回、パート医として働き、週に二、三回、スポーツジムに出かけて筋トレと水泳をしている。たった週に二日しか働いていないが、それでもこれまでの経験を生かして診療に従事しているという自負が生きがいとなり、これが認知機能を支える原動力にもなっている。

また、下肢を中心にした年の割にはかなりハードな筋トレを行っている。これは下肢の筋力をつけることで脚力をつけ、転倒防止を主な目的にしているのだが、筋トレ自体が認知機能を改善するともいわれているので気をよくして続けている。筋トレを継続していると感覚神経の伝達能力が高まり、それに伴い認知機能が改善されると考えられているのである。

多くの人たちと良好なコミュニケーションを保つことも認知機能を向上させるうえにプラスに作用することが知られているので、残り少なくなった友人、知人たちとのネットワークを介して、コミュニケーションをこまめにとるように心がけている。

運動が脳の新しい神経細胞をつくる

高齢者が認知症にならないためには、「キョウイク＝今日、行く（所）」と「キョウヨウ＝今日、用（事）」ともう一つ「キョウウン」が必要だと思っている。前述したように、六十五歳以上の高齢者の七人のうち一人が認知症になり、残りの六人は認知症にならないという「強運」に恵まれている。

ここで私が言う「キョウウン」は、認知症にならない六人の中に入る強運の持ち主になるために、「今日、運（動）」することが大切である、という意味なのである。運動によってうつ気分や孤立感が軽減されて活動的になるので、糖尿病の抑制にも役立つ。運動すると、脳の海馬が活性化されて神経細胞が新生されることもわかっている。また、運動が禁煙にも効果的であるとの多くの報告がある。そうなると、高齢者の認知症に陥りやすいリスク要素である、喫煙、うつ、運動不足、社会的孤立、糖尿病のすべてに対して、運動が抑制的に作用していることになる。

高齢者の認知症予防の３Ｋは、キョウイク「今日、行く（所）」、キョウヨウ「今日、用（事）」、キョウウン「今日、運（動）」である。

ちょっとだけ無理をする
——これならできる長続き健康法

スポーツジムでマシーンを使って筋トレをするとき、負荷をかける重量をぐっとソフトにするか、ややソフトにするか、ちょうどいい具合にするか、ややハードにするか、かなりきついハードにするか、人によってさまざまである。仁王のようなものすごい形相になって、苦しげな声を発しながら過大な負荷にチャレンジしている人もいれば、最軽量の負荷でそばにいる人と笑顔で話しながら、軽々とこなしている人もいる。うなり声をあげ、苦悶の顔貌になっていることから、相当大きな負荷をかけているると思われる高齢者を見ると、血圧がかなり上昇していると思われるので、脳卒中や心筋梗塞が心配になってくる。

日ごろから声を掛け合う仲であれば、リスクについてアドバイスをすることもできるが、そうでない人には、その心配を口に出すことがためらわれて、ただ何ごともないようにと願いながら見守るだけにとどまっている。

私はインストラクターの助言にしたがって、通常は、無理のないちょうどいい具合と思われる負荷量にしていて、ときどき、ちょっとだけ無理をして、ややハードな負荷をかけることに挑戦している。ちょうどいい具合の負荷量での筋トレを続けていれば、その時点の筋量を維持することはできるが、筋量を増やすには負荷量を上げる必要があるらしい。私は転倒予防のために下肢の筋トレをしているのだが、今よりもう少し筋量を増やす必要があると自己判断して、ちょっとだけ無理しての筋トレを心がけている。

二割だけ食べ残す「お手軽」ダイエット

ウォーキングの際に、歩幅をいつもより少しだけ大きくしたり、ゆっくり歩きと早足歩きを交互に繰り返したり、いつもより少しだけ距離を延ばしたりするなど、ちょっと無理するだけで、効果的に運動量を増加させることができる。そうとわかっていても、それを続けて実行するのが、ちょっとの無理ではなく、相当な無理に感じられて長続きがしない。

それでも、ほんの短い時間だが、全然やらないよりましと心得て、ちょっとだけ無理をする歩行法に切り替えて実行している。そこでの不足分は、スポーツジムでのスイミングと水中ウォーキングで十分補っていると自分に言い訳をしている。

体重を減量するためのダイエットも無理をすると長続きしないし、健康にもよくない。患者さんに推奨し、私自身もこれで成功した経験が何度もある方法がある。それは口から摂取する水以外のすべての食べ物を二割ほど食べ残すことである。二割ぐらいなら食べずに残すことは、ダイエットの心がけさえあれば、それほど無理には感じないはずである。

この方法で減量に成功した患者さんは大勢いる。ここで肝心なのは、ちょっと無理した二割減のダイエットであり、それ以上の無理なダイエットをしないことである。

「十日に一冊」のペースで文庫本を読む

活字離れをごく当たり前のこととして受け入れている若い世代の人たちのことを思うと、活字が脳の必須の栄養源になっている私には、このままで彼らの脳の発育は大丈夫だろうかと老婆心ながら心配になってくる。活字離れは何も若い世代の人たちだけではなく、中高年の人たちにも、徐々に広がってきている。

そうなると心配になってくるのは、活字離れが加齢にともなう脳の認知機能の低下を助長するかもしれないということである。その懸念は、高齢になっても認知機能が衰えていない人は、活字と縁を切らずに、上手に付き合っていることが多いことからも当を得ていると思われる。

そこで私からお勧めしたいのは、ちょっと無理して、十日に文庫本一冊のペースで読むことである。もちろん単行本でもいいのだが、値段が文庫本の二、三倍はするので、とりあえず文庫本から選ぶことをお勧めしておく。文庫本の活字の大きさや厚さにもよるが、十日に一冊のペースは今の私でも、ちょっと無理をすれば、まだ何とかこなせる分量である。そして、本はできれば近くの書店で購入してほしい。

というのは、活字離れのせいで本が売れなくなり、経営難に悩んでいる書店が少なくないらしいのである。インターネットで注文すれば、翌日か翌々日には手元に届くので、わざわざ書店まで行かなくともすむという便利さはある。

だが、書店へ行けば、そこは自分の知らない世界の見本市のような雰囲気が漂っていて、わくわくした気分になれる。ときには、これこそが読みたい本だと思う本と出会うこともある。次に読む本を探しに散策をかねて書店へ出かけるのも、満更ではない老いの形だと思って、私自身、実行している。

もう一つお勧めしたいのは、ちょっとの無理ではすまないかもしれないが、長篇小説に挑戦することである。読み終えるには二、三ヶ月かかるものも、半年、一年、いやそれ以上かかるものもあるだろう。世界的に知られている古典的な長篇小説としてすぐに頭に浮かぶものは、『源氏物語』（紫式部）、『夜明け前』（島崎藤村）、『失われた時を求めて』（マルセル・プルースト）、『戦争と平和』（レフ・トルストイ）、『カラマーゾフの兄弟』（フョードル・ドストエフスキー）、『ジャン・クリストフ』（ロマン・ロラン）などがある。近年私が読んだ長篇小説として感銘を受けたものに、『徳川家康』（山岡荘八）、『翔ぶが如く』（司馬遼太郎）、『血脈』（佐藤愛子）、『湖水誕生』（曾野綾子）などがある。

長篇小説と立ち向かうには、千里の道も一歩からと覚悟して、道々を楽しみながら、ゆっくりと読み進むことである。読み終えたときは、大きな仕事を成しとげたときの、あの疲れと快感が同居しているような感慨を覚える。

張り合い

――日常に生気を吹き込む思考法

自分が役に立っていると自覚するとき、張り合いを感じていい気分になる。

八十二歳の農業を営む男性は十年以上前に夫人を亡くし、今は勤めに出ている娘さんと二人で生活していて、家事の大部分を引き受けている。自分一人でできる範囲内の畑仕事を続け、地域の人たちとも積極的に交流をしているこの男性は、顔の色艶もよく、声に張りがあり、明るさに満ちている。人の面倒見もよく、近くに住む足の不自由な幼馴染みを車に乗せて私の外来に一緒に来ている。

「この年になっても、やらなきゃならないことが次から次に出てくるんで、じっとしていられる時間なんてそうないんですよ。でも、やることがあるんで体に張りが出てきて、こうして元気でいられるんだと、ありがたいと思っているんですよ」

この高齢の男性の元気の源になっているのは、やるべき仕事があるという自覚と、人から頼られていることをしなくてはならないという責任感なのであろう。

頼りにされるのは、ときにはうっとうしくも、重荷に感じることもあるが、一方、自分の存在が認められていることでもあり、気持ちに張り合いが出てきて、精神の安寧を保つのに役立っているのも本当である。

ところが、外でも内でも、まったく頼りにされずに、何から何まで周囲がやってしまい、たまに手を出すと迷惑がられて、結局は何もしないようになってしまうと、生活に張り合いがなくなってくる。高齢者がこのような状況下に長くいると、認知症へのリスクが高くなるのは必定である。そのようなことにならないためには、どんな些細なことでも、自分ができることを探して、責任を持って最後までやり遂げることである。

自分の存在が認められる場をつくる

今、中学生の孫娘の英語の家庭教師をしている。英語は中学・高校を通して得意科目だったし、大学でも医者になってからも英語とは切っても切り離せない状況であった。学生のころ、何名もの高校生に大学受験のための英語の家庭教師をして、上々の手ごたえを感じたことも経験している。そのときから六十年近く経った今、こうして孫娘の英語の勉強の手助けをしていることに感慨深く、いささか興奮している。これまで身につけてきた英語の知識をできるだけ多く孫に伝えることが、これからの私の大切な仕事だと思うと、心に張りが出てくる。

老人養護施設で徘徊を繰り返していた高齢の認知症の男性が、炊事場で包丁を研ぐ仕事をするようになってから、表情が見違えるほど明るくなり、徘徊する回数が減少したというテレビ番組を見た。この男性は自分が研いだ包丁がよく切れるようになったと喜ばれているのをうれしそうに眺め、そして、仕事に対しての報酬の硬貨を手渡され、満足そうな笑みを浮かべていたのが印象的だった。

高齢になっても、たとえ認知症になっても、仕事をしていくばくかでも収入を手にすることで、社会で何らかの役割を果たしているという自己肯定感を持つことができ、張り合いが出てきて元気になれる。

他人から感謝されようがされまいが、ただ自分がやるべきことをするだけだと、恬淡としている人がいないではないが、私のような俗物は、やはり他人から多少なりとも感謝されたほうが張り合いが出て、またやろうという気になる。

若いころアメリカに留学していたとき、ちょっとしたことにでも、すぐに"Thank you"が返ってくることに心地よさを感じて、自分からもすすんで"Thank you"を口にするように心がけるようにした。帰国するころにはこの"Thank you"がすっかり身についていて、アメリカ人並みにごく自然に口から出るようになっていた。

日本に戻ってからも、「ありがとう」の習慣が続いているが、いつもそれなりの和やかな手ごたえを感じている。自分では何でもないことをしたつもりでも、相手から「ありがとう」と言われれば、悪い気はしない。張り合いを感じてまたやろうという気になる。

時間をかければレベルアップできる

はじめから目標をあまり高く設定してしまうと、努力をしてもそこまでにはなかなか到達できないために、張り合いをなくして諦めてしまう、ということにもなりかねない。目標を低いレベルからスタートして、その後たっぷりと時間をかけて少しずつレベルアップしていくのが私の流儀で、たいていの場合、自分なりに満足できる目標に到達していると自負している。

診療の場においても、患者さんにこの流儀を勧めている。ひと月に十キロ体重を落すことを目指して猛烈なダイエットをした結果、三キロしか減量しなかったことに落胆して、ダイエットを続ける張り合いをなくして、二週間も経たずに元の体重に戻ってしまったという人がいる。

その一方で、とりあえずひと月に一キロ体重を減らすことを目標にダイエットに励んで見事に目標を超す成果を挙げ、やる気満々で次のひと月に一キロ減らす目標に向かってダイエットを続け、そしてまた成功というサイクルを十ヶ月続けて、もともと抱いていた十キロ体重を減らす目標を見事に成就した人もいる。

骨折や脳卒中後のリハビリテーションも千里の道も一歩からと心得て、目の前の目標を一つひとつクリアして、次のステップに向かう張り合いを持ち続けて実行することが成功の鍵となっている。

張り合いが感じられる環境を自ら醸成して、無為の日常に生気を吹き込みたいものと、老齢の身を忘れて意気込んでいる。

第二章　身辺整理の極意

身辺整理の極意

——勝機をつかむべく大ゴマを捨てる

高齢者の車の運転による人身事故の悲報に接するたびに、被害者とその家族の人たちの絶望的な悲しみ、苦しみを思い、やりきれない気持ちになる。そして、事故を起こした高齢者に対しては、どうしてそんな年になっても車を運転していたのかと、その無思慮、無分別さに呆れると同時に憤り（いきどお）さえ感じる。

運転歴が長く、どんなに運転に自信があっても、高齢になれば、注意力、集中力、判断力が低下し、動体視力の衰えや反応時間の遅れが顕著になる。それまでに小さな事故はいくつもあっただろうし、また、大事故につながるような危機を間一髪のところで回避したこともあったかもしれない。あのとき運転をやめると決心すべきだったと思われる場面がいくつもあったに違いない。それを、まだあともうしばらくは大丈夫だろう、とたかをくくって先延ばしにしてきた結果が大事故になった、というケースをよく耳にする。

将棋では、ときには思いきって、大ゴマを捨てることで勝機をつかむことができることがあるのだが、へぼ将棋になると、王より飛車を可愛がるような手を打って敗北することになる。このままでは大惨事になる可能性が高い今こそ、飛車・角ともいえる大駒の運転免許証を捨てて、晩年の明るい人生を勝ち取ることが最高の妙手となる、と確信している。

運転免許証の返納で、心穏やかに暮らす

私はぎりぎりのセーフで運転免許証を返納した。そのきっかけになったのは、車で近くのスポーツジムに向かう途中で起こした衝突事故だった。私が十字路の交差点を直進しているときに右から来た車が私の車の後部に衝突したのである。相手の運転者も私もかすり傷もないほどですんだし、後遺症も残らなかった。

事故の原因は私が交差点の手前で一時停止し、左右を確認して車を前に出したのだが、その操作が緩慢であったため、右方から接近してきた車の運転者は当然私が交差点を速やかに通過するだろうと予測してスピードを落さずに近づいてきて、あわててブレーキを踏んだが間に合わず衝突したのである。

その事故を起こした時点で、車の運転を諦めるのは今と決めて、運転免許証を返納した。

家内も運転免許証を同時期に返納したので身動きが不自由にはなったが、これで車による加害者にならないですむと思うとぐっと気が楽になった。免許証返納の決断は遅ればせながら英断だったと思う。

車がなくなっても、日々の食料品はスーパーのネット販売を利用しているし、出かけるときはタクシーで近くの駅まで行くことも、また、近くに住んでいる娘がアッシー役を務めてくれることもあるので、日々の生活にはとくに大きな支障をきたさずにすんでいる。

今、決めなくてはならないことの重大事に、物心の身辺整理がある。

六十五歳で大学を定年退職するときに、研究に関する資料は後継者に残すか処分し、学術書もあるものは図書館に寄贈し、あるものは教室員に与え、残ったものはほとんどすべて破棄処分にして、自宅に持ち帰ったものはごくわずかだった。この時点で研究者としての身辺整理はほぼ終了していたのである。

だが、退職後も細々ながら医者を続けているので、書斎の中にはまだ医学に関する書籍がかなり残っている。もう読むことはまずないだろうと思われる分厚い英語の医書が何冊も本棚の片隅に眠っている。

これまでに何度か町会のごみ収集日に出そうと取り出してはみたが、ページをめくっているうちにどうにも捨てられずに、またもとのところへ戻した。今もまだいくつかの学会に所属しているので毎月学会誌が送られてくる。これもたまると本棚からはみ出ることになるので、適宜処分しなくてはならないのだが、先々役に立つかもしれないという、今やもう幻想に近い発想から、とりあえず手元に残すことが稀ならずある。

医書や医学雑誌の思い切った処分はもうしばらくの間はうまくいきそうにはなさそ

うである。だが、私が書いた一般書の中に、同じ本が何冊も残っているものがあるので、少しずつ教室員のＯＢに形見分けとして贈ることにしている。

冷たい人間関係を修復するには

長年、講演会やテレビに出演していたので知らず知らずのうちにかなりの衣装持ちになってしまった。だが、根が貧乏性なので、通勤するときは、それに見合ったごくカジュアルな衣服を着ていて、とくにおしゃれをしようという意識がなかったので、よそゆきの服がほとんど真新しいままでごそっと残っている。

もうこれを着て出かけることなどまずないだろうと思われるものがいくつもあるが、中にはちょっと気恥ずかしいが着られないことはないというものもある。そんな衣服を引っ張り出して、着るのがもったいないという意識は捨て、着ないままにしていることがもったいないと考え直して、ちょっとした会合にも、通勤にも着るようにしている。

こんな具合に物に対する身辺整理は目に見える形で少しずつでもすませることがで

きるが、心の身辺整理はそう簡単にはいかない。わだかまりを少しでも和らげて老生を過ごしたいという願いはあるが、そこに積年の憎しみが込められているものであるなら、もう、修復は諦めて忘却の彼方へと封じ込めて思い出さないことである。そうすれば、やがて時間の深みの中に沈み込んで憎しみの姿が見えなくなる。

だが、瑣末なことが原因でぎくしゃくとした冷たい人間関係になっているなら、心がけ次第で、暖かな日差しが差し込んでくるようになることがある。それには、向こうから手を差し伸べてくるのを待つのではなく、こちらから出向いて手を握って友好のサインを示すことから始まるのである。

今こそ身辺の人間関係を和やかにする決意をするべき時期なのである。

昨日の友は今日の敵

——年齢を重ねて得た「察知能力」で、敵を回避せよ

「男は敷居をまたげば七人の敵あり」などと、そんな呑気な話ではない。老若男女を問わず、とくに高齢者は、いつでもどこにでも身近に敵が潜んでいる可能性があるという意識をもって、ウロウロ、キョロキョロとまではいわないが、注意深く周囲を視察する姿勢を保つべきである。

うんと若いころは、「敵は幾万ありとてもすべて烏合の勢なるぞ」とばかりに、「行け！　行け！」と号令をかけながら、怖いもの知らずに突き進んだものだが、今はもうそうはいかない。敵は烏合の勢どころか手ごわい強敵ばかりであり、それを打ち負かすことができる力など高齢の身にあるはずもない。

だが、高齢者はこれまでの長い経験から危険を予知し、察知する能力には長けている。この能力を巧みに使って、敵を回避する作業をフル活動で行うべきである。

できそうで、できないこともある

「今はやみくもに手を出さずに、君子危うきに近寄らずと心得て、静観しているほうがいい」

こんな勘が働いて、高齢という危険地帯に身を曝（さら）すようになってからも、危うく難を免れたことがこれまでに幾度となくあった。

都心の大きな交差点の横断歩道で青の信号が点滅し始めたとき、少し早足で歩けば十分渡りきれるとは思ったが、途中で躓（つまず）いて転ぶかもしれないし、そんなに急いで渡る必要もないと、次の青信号になるのを待つことにした。

そのとき、私より少し高齢と思われる男性が杖をついて、右足を引きずるようにして横断し始めた。この分では途中で信号は赤になるだろうし、はたして無事に渡りきることができるだろうかと心配して見ていると、案の定、半分も渡らないうちに信号が赤になった。

その男性はその信号を見て、あわてて急いだせいもあったのか、躓いて転んでしまった。男性が立ち上がって歩道にたどり着くまでの交差点は一時、大混乱になってしまった。その男性は何ごともなかったようにして歩き去ったが、頭を打撲していれば、あとになって硬膜下血腫を惹起するかもしれないし、あのとき前方不注意の車が突進してきていたら、轢（ひ）かれていたかもしれなかった。

幸運にも間一髪で難を逃れることができたあの男性は、こんな馬鹿げたことは二度としないと、断固たる決意を心に刻むことができただろうか。それとも、できそうにないと思っても、思い切ってやればまだ何とかなる、と自信を深めたのだろうか。この異なる二つの考えかたの間が命の分水嶺になっているのである。

すぐに信用しないクセをつけるといい

ＮＨＫのテレビ番組の「ストップ詐欺被害！　私はだまされない」というコーナーで、高齢者が電話によるサギ事件に巻き込まれたいろいろなケースを取り上げ、注意を喚起しているのを見て、どうしてそうも簡単に騙されてしまうのだろうかといつも呆れてしまうのだが、現場での相手の話の演技は巧妙を極めているのだろうから、ついその気にさせられて騙されてしまうのだろう。困ったことに、年をとってくると、耳の聞こえがそんなに悪くなくても、電話から伝わってくる声が誰なのかを正確に判別することがうまくできないことがある。

ましてや、子供や孫と名乗って切羽詰った声で救いを求められると、それが誰なのかを判断する冷静さを失って、相手の要求に耳を傾けてしまう。高齢者には往々にしてそんな脆(もろ)さがある。詐欺師はそこを巧みに捉えて、騙しにかかってくる。そんなことにならないためには、人の言うことをすぐには信用しないで、まずは身内の誰かに相談することに決めることである。

わが国は、夜でも安心して出歩くことができるほどの、世界でも例を見ない治安が行き届いた国である。だが、何を考えているかわからない危険人物が無差別に殺傷事件を引き起こすことがときどきある。

そんな事件に遭遇した場合には、咄嗟に身を守る有効な手段はとれないかもしれないが、それでも、日ごろからこれまで起きた事件のさまざまな状況を考えて、外出したときには常に周辺へ警戒の目配りをする心がけだけはするべきである。

サウナや水風呂が凶器に変る

敵は人にかぎったものだけではない。昨日の友が今日の敵になることもそう稀なことではない。スポーツジムで体を鍛えたあと、サウナでたっぷりと汗をかき、水風呂に入るのを極上の楽しみとして長年続けてきた中高年で、サウナの中やそこから出たあとすぐに、脳卒中を発症して命を失った人もいれば、幸い命に別状はなかったものの、身体機能に大きな障害を負い、仕事の継続を含めたその後の生活に支障をきたした人が著名人の中にも、私の周辺にも何人もいる。

高齢者が買い物やレジャーや健康維持のために自転車を走らせていて、転倒して大怪我をするアクシデントが跡を絶たない。また、高齢者の運転する車による人身事故が今、大きな社会問題になっている。無二の友でもある愛車が一瞬のうちに牙をむき出しにして襲いかかってくる恐ろしい敵に豹変するとは、夢想だにしていない高齢者が少なくないのではなかろうか。

　だが、私たちのすぐそばでそんな取り返しがつかない惨事がいつ起きてもおかしくないのが現実である。高齢になれば誰でも例外なく、認知機能も運転技能も程度の差こそあれ、確実に低下していることを考えれば、遅くとも古希を越したら運転免許証の返納を現実的に考えるべきである。

　車がなくなれば、日々の生活に大きな支障をきたすことにはなるだろう。それに対処するには、公共の交通機関を利用したり、近くに住んでいる近親者や近隣の人たちの助けを借りたり、タクシーを利用したりなど、いろいろな手段を考えなくてはならない。地方自治体には、高齢者が買い物に行ったり、病院へ行ったり、市役所に行くなどの日常生活に欠かせない行動を少しでも円滑に行えるように、たとえば、コミュニティバスを運行するなどのサービスを地域ごとにきめ細かく実施してもらいたい。

　足腰が弱った高齢の身であるからこそ、車が必要であることはよくわかるが、人身事故を起こしたら、残り少ない余生を地獄の苦しみの中で過ごさなくてはならない。そのことを考えれば、車のない不自由さなどは些事にすぎないと甘受すべきである。

私たちのまわりには実に多くの敵が雌伏（しふく）している。その敵は、天候であったり、足元の段差であったり、義理人情にからんだ出来事であったり、暴飲暴食や運動不足であったり、インフルエンザウィルスであったり、ヒアリなどの猛毒の害虫であったり、服用している薬であったりで、スキあらばと私たちを虎視眈々と狙っているのである。

人の振り見て我が振り直せ

——礼儀を守るという義務

背筋がまっすぐに伸びた高齢者の姿を目にすると、今の自分の姿勢はどうなっているのだろうかと心配になって、ほとんど反射的に姿勢を正している。というのも、ふと洗面所の鏡に映る紛れもなく猫背になっている己の姿を見て、ショックを受けることが稀ならずあるからである。

日ごろイメージしている自分の姿は高齢者なりに、もっとすっきりしているものと思っているのに、そこに映っているのが、こうはなりたくないといつも思っている背を丸めた老人の姿そのものになっているのに愕然とするのである。そして、すぐに、「気をつけ！」と心の中で号令をかけて姿勢を正している。

姿勢を正すときには、頭の天辺につけた紐で上のほうへ引っ張り上げられるような状態をイメージして背筋を伸ばすといい姿勢になる、とスポーツジムのインストラクターから言われているので、そのようにしている。たしかにそうすると、自分でもわかるほど背筋が伸びてしゃきっとなる。駅のホームで電車を待っているときなどでも、こうして背筋を伸ばすようにしている。

ホテルのロビーで見た、ほれぼれする挨拶

人と待ち合わせのためにホテルのロビーの一角に置かれている椅子に座っていると、いろいろな人の出会いと挨拶を目にすることができて面白い。いかにも商談のための待ち合わせとわかる雰囲気をただよわせて深々と頭を下げている挨拶であったり、一方だけが深く頭を下げていて、力の上下関係がひと目で推測できたり、親しい間柄とわかる出会いであったり、もう、長い間会っていなかった人との感動的な再会の場面であったりして、それらを見ていると、待ち人の遅れがそれほど気にならなくなる。

そんなとき、ほれぼれするような挨拶をしている場面を目にすることがある。相手

と目線を合わせて、足先をきちんと揃え、背筋をまっすぐ伸ばし、両手を前に揃え、腰から上半身をまげて挨拶し、ひと呼吸おいてからゆっくりと体を起こして、再度相手に目線を合わせる。このような基本的な挨拶をきれいにこなしている人はそうはいないので、それを目にしたときには、いいものを見せてもらったと感謝したい気持ちになる。

そして、あのようなあらたまった挨拶をごく日常的に行っていた、もう二昔も前のころがふと頭に浮かんできて、懐古的な思いにかられる。こうして、ちょっとしたことがきっかけになって、昔の出来事がふと脳裏に浮かんでくることが、近ごろではそう珍しいことではなくなっている。

目線といえば、元NHKアナウンサーの故鈴木文弥氏から講演会での目線について教わったことを今でも心がけている。鈴木文弥氏は昭和三十九年の東京オリンピックの開会式や女子バレーの金メダル実況などでの名調子で私たちを魅了したアナウンサーである。

鈴木文弥氏とはNHK文化センター主催「すこやか健康教室」特別公開講座の、全国のＮＨＫ所在地で行われた講演会で何度もご一緒したことがある。その際、いつも私の講演を会場で聴いてくださって、いろいろとアドバイスをいただいた。

中でも、講演中は会場の隅から隅まで満遍なく目線を向けるようにしなくてはならないことを教えられた。目線をまず客席の最後列の左端から右端に、そこから対角線状に最前列の左端にまで下げてきて、そこから真横に右端に進め、そして、そこから対角線状に最後列の左端へと上げていく。この数字の「８」を描くようにゆっくりと目線を動かすことを講演中ずうっと続けることが肝要であると教わった。

美しい高齢者と認識されるためには

現役のころは人間関係を円滑に保つために、自分を律することに慎重な配慮を心がけていたが、定年退職を機に社会の一線から退いて、社会的規範に縛られることが少なくなると、日常的な行為がややもすると粗野になりがちになる。それがざっくばらんで親しみを感じさせる範囲にとどまっているかぎりは、それはそれでいいのだが、そこを逸脱すると周囲の人たちに不快の念を及ぼすことにもなりかねない。

それまでのキャリアは、意地悪な言い方をすれば、骨の髄までしみこんでいるので、仕事を離れ自由の身になったとはいえ、まるっきり消え去ってしまうことなどあり得ないのである。職を離れ年金生活者という同じ立場であっても、人それぞれのそれまでの社会的立場の違いから、価値観から日常生活の些事にいたるまで、ことごとく違っていることを認識しておくべきである。

高齢者同士の付き合いの中で大切なのは、どんなに親しくなっても社会的規範に則した礼儀を守ることであり、挨拶の仕方、口のきき方は原則的には崩すべきではない。時・場所・場合（ＴＰＯ）によって、適切な挨拶や口のきき方をしている人は美しい存在として認知されるのである。

産経新聞の「小さな親切、大きなお世話」（二〇一七年十一月二十六日）のコラムの中で作家の曾野綾子さんがこう述べておられる。

「日本では私のように、多くの高齢者が穏やかに老年を生かしてもらっている。この世代にも生きているうちにやるべき義務があるだろう。それは綺麗（きれい）に自分の生活の後始末をして死ぬという計画と、次の世代のために個人的な血のつながりを超えて、何かできることはないかと考える姿勢のような気がする。老年はただ穏やかに生かしてもらえればいい、というものではない。むしろ与えて死ぬ時期が迫っていると思うべきだろう」

この文章を読んで、「我が振り直せ！」と叱咤される思いがした。

「こんにちは、ありがとう、ごめんなさい」
――暗く黙りこくっていても、問題は解決しない

高齢者と話をしていて、何でそんなに無愛想なんだろうかと、その原因になりそうなことをあれこれ考えてみるのだが、いずれもそうでありそうでもあり、そうでなさそうにも思えて、結局、わからずじまいのまま、そっとその場から離れる、ということがときどきある。高齢者は独りでいても、大勢の人の中にいても、往々にして暗い存在になる。

その暗くなる原因が数多(あまた)あることは高齢者の一人としてよくわかる。体のあちこちに不具合が出てきて、心身の苦痛に悩まされている、思うように体が動かない、親身になって話し合える人がいない、最近、近親者を亡くした、経済的なゆとりがない、

これから先の生活をどうするか、病気になったらどうするか、など高齢者が抱える問題は言い出したら切りがないほどある。それもすぐにどうにかなるというような生易しいものではない。

だからといって、暗い顔をして黙りこくっていても問題の解決にはならない。それどころか、ますます周囲の人から遠ざけられるようになり、冷たい孤独の時間を過ごすことになる。内心はどうあろうとも、人前では明るく振舞ってみせることは、高齢者の保身に役立つばかりでなく、義務でもあるのである。

明るさへの突破口になるのが、人と出会ったとき、相手からの挨拶を待つのではなく、こちらから最初に挨拶をすることである。

「おはようございます」

「こんにちは」

「こんばんは」

こんな簡単な挨拶をするだけで、その場の雰囲気が一変する。そのひと言が次の会話への入り口になって、さらなるコミュニケーションへとつながることはそうめずら

しいことではない。今勤めている病院では、看護師や事務職員から、

「お疲れ様です」

とよく声をかけられる。相手の労をねぎらうこの「お疲れ様です」の言葉を聞くたびに、心が温まるように感じられる。日常の挨拶やちょっとした言葉がけが、人とのつながりを保つうえで大切な役割を果たしているのである。

「世話してもらって当然」は、ない

ちょっと考えればわかることだが、誰の助けも借りずに自分一人で手に入れられるものなどまずないといっていい。食べ物一つ例にとってもわかるように、実に多くの人の手を介してようやく、自分の口に入るのである。ときにはそのことに思いを馳せて、見知らぬ人たちに感謝の気持ちを抱くことは、いくつになっても、謙虚さを保つのに必要な作業だと思う。

昔の童謡に、お百姓さんの歌がある。

蓑着て　笠着て　鍬持って
お百姓さん　ご苦労さん
今年も豊年　満作で
お米が沢山　とれるよう
朝から晩までお働き

蓑着て　笠着て　鍬持って
お百姓さん　ご苦労さん
お米も　お芋も　大根も
日本国中余るほど
芽を出せ　実れと　お働き

この童謡で歌われているように、昔は子供のころから、日常生活の中で感謝の気持ちを抱くことがいかに大切であるかを教育されてきたはずである。だが、その教えを受けた高齢者が、感謝の気持ちを表に出すことを忘れているのではないか、と思われるような場面に遭遇することがしばしばある。

　年をとっているんだから、世話してもらって当然、とばかりに構えている高齢者を見かけることがあるが、とんでもない心得違いである。高齢であることは特権でも何でもない。高齢者がさまざまな面で優遇されているのは、これまで社会に尽くしてきたことへの社会からの優しい謝礼である。これに対しては感謝の気持ちを持って謙虚に受け取るべきなのである。

　アメリカに留学中に感銘を受けたことの一つは、誰もがちょっとしたことでも、すぐに「サンキュー」と口にすることだった。「サンキュー」と言われれば悪い気はしないし、その場の空気が爽やかに流れるように感じられた。私もこれにならって、「サンキュー」を頻回に言うようにした。帰国してからも、些細なことにでも「ありがとう」とごく当たり前に口にしている。

　わざわざ口に出して「ありがとう」と言わなくても十分相手に伝わっているはずだ、と考えるのは不遜である。たとえそれが伝わっているとしても、それをはっきり言葉にして伝えるのと、そうでないのとでは、受け取るインパクトに雲泥の差がある。

「ありがとう」とはっきりと口に出して言うほうが相手も自分もふくよかな気持ちになれる。

「ごめんなさい」も相手の気持ちを穏やかに鎮めるのに大切な言葉である。相手側に非があると思っても、外交辞令的にこちらからも「ごめんなさい」と言うのが成熟した大人の心得である。

この場合、相手から「とんでもないです、こちらのほうこそ、大変申し訳ございませんでした」と謝罪の言葉が返ってきて、穏やかに一件落着となるのが普通なのだが、そうならないことはいくらもある。そんなときはむきにならずに、静かにその場から離れるにかぎる。

相手に勝ちをゆずるのが、精神衛生上の得策

高齢者の中には、若いころはそれほどでもなかったのに、高齢になるにつれて、周囲が何と言おうと、自分の言い分は絶対に変えないという偏屈な面が強くなっている

人がいる。そんな人が、何かをしくじったり、人に迷惑をかけたりしたとき、「ごめんなさい」とひと言言いさえすればそれですむのに、それを他の人のせいにして、頑としてゆずらないために、揉めごとになることがある。

若いころならともかく、いい年になったら、とんでもない大きな出来事でもないかぎり、自分のほうに分があっても、相手に勝ちをゆずって、「ごめんなさい」と言ってその場を丸く収めたほうが精神衛生上得策である。これもアメリカで身についたことだが、「エクスキューズミー」（ごめんなさい）が「サンキュー」に次いで多く口から飛び出している。

「こんにちは、ありがとう、ごめんなさい」これさえ言えば、渡る世間に鬼はなし。

こんなちょっとした言葉遣いでこの世がぐっと生きやすくなる。言葉の力は絶大なものだと思う。

今、大切なこと

――自己を客観視できる高齢者の心得

何を考えるでもなく、ただぼさぁっとしているとき、突然、今、こうして安穏に日々を過ごしているが、周囲の人たちに迷惑をかけることをしていないだろうかと、不安になることがある。このようなことは今に始まったことではなく、若いころから、多分、小学校高学年のころからだったと思う。

いいことが続くと悪いことが起きる、楽しいことの裏には嫌なことが隠されている、自分にとって好都合なことが他の人には迷惑になっているなどと、今起きていることと間逆なことがすぐ近くで起きていると想像して、目の前に起きていることを素直に受容しないヘソ曲がりのクセがついているのである。

高齢者が、多分本人はそれほどとは気づいていないのだと思うが、周囲の人たちに多大な迷惑をかけているのを見かけることがある。そんなとき、もしかしたら自分もそれと同じようなことをしているのではないかと心配になってくる。ちゃんとした歩道があるのに、車がすぐ脇を頻回に通過している車道の隅を平然と歩いている高齢者を見かけることがある。

歩道は所々に車の出入りに都合がいいように家の門の前を段差がないように凹みを作っているところがあるので、歩きにくいのは確かだが、だからといって車道を歩くのはきわめて危険である。このような歩行者は歩きやすいという自分の都合だけを考えて、車の運転者に迷惑をかけているとは思っていないのだろう。

若かりしころの自慢話は嫌われる

高齢者が若い人たちに交じって楽しい時間を過ごしているとき、そのままずうっと一緒にいたいと思うのはごく自然である。だが、自分がそこにいることで周囲の人たちに余計な気を遣わせているのではないか、若い人たちの中には、自分たちだけになりたいと思っている人がいるのではないか、などと考えて、ほどほどのところでそれなりの理由を作って、その場からそっと離れられる人は人生の達人である。

若いというだけが取り柄だったころ、こんなことがあった。ある学会の評議員会終了後の懇親会で、学会や研究会でよく顔を合わせる同年代の十人ほどの仲間たちと歓談していたとき、もう学会活動の第一線から遠のいて久しい某大学の著名な名誉教授が話の輪に加わってきて、若かりしころの自慢話を始めた。

その話がいつ終わるともなく延々と続き、やがて話の輪から一人抜け二人抜けして、私を含めて三人になってしまったとき、多分、私たちの辟易とした様子に気づかれたからだと思うが、「じゃあ、これで失礼するよ」と小さく言って、そそくさとその場を離れて行った。

そのとき、仲間たちとこれを他山の石にしなくてはと話し合ったものだが、今、私はあの名誉教授の年齢になっている。あのときの印象が記憶に焼きついていて、今でも若い人たちと交わるとき、それがごく内輪の中であっても、同じ轍を踏まないようにと自動警報機からの信号のように私の心の中に響き渡るのである。

レベルダウンの自己をクールに認める

ありｓ余る時間に身をゆだねっぱなしにしている高齢者は、生気が時間に吸い取られているように感じられる。一方、なすべき仕事があると自覚している人からは、高齢であることを感じさせないほどの活力の波動が伝わってくる。仕事は活力を産むエンジンである。どんなに年をとっても、働けるうちは働くことは、人間の尊厳を維持するうえで大切なことだと思う。

だが、ここで認識しておかなくてはならないことは、高齢者ができる仕事には自ずと限界があることである。多くの場合、これまでのキャリアから見れば、かなりのレベルダウンの仕事になる。しかし、それが今の自分に値する仕事であるとクールに認めることが肝要である。世間の自分に対する評価は、自分が思っているほど高くはないと考えておいたほうがいい。

私は大学を定年退職したあと、自宅からさほど離れていない総合病院で非常勤医師として、週に二回、高血圧外来を担当させてもらっている。大学に在職していたときは、すべての循環器疾患を対象にしての診療を総括していた。それを可能にしていたのは、私が主宰していた内科学教室とその背後にある大学病院という組織だった。その大きな組織力を利用できる立場にいたからこそ、広範囲にわたる疾患の治療に従事できたのである。

しかし、大学病院から離れて一介の非常勤医師としてできることはきわめて限られてくる。私が病院に勤務することで、既存の組織の迷惑にならずに、多少なりとも外来診療の混雑解消に寄与する立場で医療に参加したいと考えた。

そして、非常勤のパートの医師として、予約制の高血圧外来を新設してもらい、午後だけ週に二日、担当させてもらうことになった。そして、この病院に勤務してから十七年が過ぎた。高血圧を中心にしての診療をこれほどの長期にわたって継続してきたこの貴重な経験は医師としての自信となって、今の私の生きる大きな支えになっている。私には仕事が活力を産む自家発電機のようなものである。

今の私にとって大切なこととは、できるだけ人に迷惑をかけないように配慮することと、働けるうちは働くという意志を持って、働くことを愉しむことだと思っている。

微労な話

——暮らしに弾みをつける知恵

　働き方改革に注目が集まり、多くの議論がなされているのは、遅きに失したとはいえ、ともかく改革への道が開かれたことの意義は大きい。過労死に関わる残業時間の規制をどのようにするかに関心が集中している。

　個々の職業、立場により残業時間の心身に及ぼす影響は異なるだろうし、また、雇用側の経営上の事情も個人の収入も配慮しなくてはならない、など残業時間一つとってても至難であることは間違いない。たとえ、それが最大公約数的な残業時間の規制であるにしても、個々のケースの残業時間の考え方や実際の対応についての一つの指針を与えることにもなり、その意義は決して小さくない。

今さら昔のことをさらけ出してもどうしようもないが、内科医として臨床の最前線で大学病院や出向先の公立病院で働いていたころは、十人以上の、ときには二十人を超す入院患者さんを受け持ち、週に二回、午前中に外来診療を担当し、週に一度くらいの割合で宿直が回ってきた。宿直をした看護師、検査技師、事務職員は皆、翌日は自宅に帰って休息をとることができたが、当直医はいつもと変らずそのまま通常勤務をするのが当たり前であった。

医師は入院患者さんの診療もあれば、点滴注射もしなくてはならないし、検査のための採血もしなくてはならない。それに外来診療日に当たっていれば、当然、それもやらなくてはならない。当時も、このような勤務システムの改善に向けての関心がまったくなかったわけではなかったのだろうが、医者ならそのくらいのことをするのは当たり前だという思いを私自身持っていたし(先輩たちから、常々そのように言われていたので洗脳されていたのであろう)、周囲もそう思いこんでいたので、勤務医の働き方改革が話題に上ることなど皆無であった。

だが、ここにきてようやく医師の過酷な勤務状況にも関心が向けられてきたことは喜ばしい限りである。

それぞれの職場で、より効率的に仕事をすることで残業時間を減らす取り組みが実施されているのだろう。それでもなお、残業時間の有効な短縮には及ばないという厳しい現実に直面している職場が多いのも本当である。過労が原因で病気になったり、ときには命を失うという悲惨な事態にいたることもある。会社が強制して無理な仕事を継続させたケースもあるだろうし、会社の意向に自分の意志を乗せて爆走してしまったケースもあるだろう。

人間は何のために働くのか

私の身内に突然死した若者がいる。その原因は過労以外には考えられなかった。営業の仕事をしていた彼は仕事大好き人間で、休みを返上してまでも仕事で飛び回っていた。そんな彼に冗談半分に、「そんなに張り切って仕事ばかりしていると、今に死んでしまうぞ。会社には君の代わりはいくらもいるんだから、ほどほどに手を抜いて休むことだよ」と何度となく言っていたのが現実になってしまったのである。

彼は会社から強制されて無理やり仕事をさせられていたというのではなく、会社の営業方針に沿って自らの意志で仕事に専念していたのだろうとは思うが、何とか食い止めることができなかったのだろうかと慙愧(ざんき)に堪えない思いを拭いきれないでいる。

このような場合を考えると、個々の事情を超えた社会全体の大きな枠組みの中で、残業時間を含めた働き方の改革が必須だと思う。

現役時代の猛烈に多忙だったころのさまざまな状況を想起して、あのような過酷な仕事に寝食を忘れるほどに没頭していたにもかかわらず、よくも体を壊さずにすんだものだと思うことがある。それは若かったからでもあるだろうが、そうすることを他人から強制されたのではなく、自分の意志で率先して遂行したので、それがプラスのストレスとなって、過酷な環境下でのダメージを軽減させ、それからの回復を早め、さらには心身に活力を創出させたからではないだろうかと、そんな気がしないでもない。

不労の美酒に浸っているだけでは……

かくも厳しい時代を乗り越えてきた高齢者の多くは、今では働くことをしない不労の日々を送っている。今さらもう働きたくはない、自分のしたいことをしてのんびりと余生を送りたいと思っている人が私の周辺にも大勢いる。その一方で、自分に合った仕事があればやってみたいという人も、また、体力的に無理でなければ、多少不向きな面があっても、それには目をつむって仕事をしたいという人が、私もその部類の一人なのだが、少なくない。

私たちは高齢になり、体力の衰えが顕著になっても、日々の生活につながる何かを生産する立場にいたいという本能的な欲求を維持しているのだと思う。それが働きたいという意欲となって表出されるのではないだろうか。

働く度合いを表現する言葉を勝手に創って、致死労―過労―多労―適労―少労―微労―不労と並べてみた。適当と思われる労働を適労として、それより厳しい労働と緩い労働をそれぞれ三段階に分けたものである。私は不労の一歩手前の微労に該当すると思っているのだが、私を不労とみなしている同窓生の多くは多労の現役の医者として活躍している。

労働力不足にロボットの導入が盛んに検討され、現実化しつつある分野も多いが、高齢者の労働力をもっと有効に活用してもらいたいものである。長年の経験を通して身につけた知識や技量をそのまま埋もれさせてしまうのは、使わないまま眠らせている箪笥(たんす)預金のようなもので、あまりにももったいなさすぎる。社会全体として、もっと老人力を利用することを考えるべきである。

高齢者ものほほんと不労の美酒に浸ってばかりいないで、適労とまではいかなくとも、せめて少労、いや、私のように微労でもいいから、働く意識を持ったほうが生活に弾みが出てくるのではないかと思う。

疑心は正気
――批判精神が身を助ける

まあ、こんなものだろうな、と毎日の出来事を無意識のうちに肯定的に受け止めていて、不測の事態が起きるかもしれないと、周囲に警戒の目を凝らすことなどまずしないという人が少なくないのではなかろうか。ところが、現実には、街中を歩行中、すれ違いざまに刃物で刺されたり、横断歩道を青信号で渡っていて車にはねられたり、空から飛行機の部品が落ちてきて大怪我をすることなども、滅多にあることではないが、起こりうるのである。

日本は経済的に恵まれ、政治的に安定していて、世界でもっとも治安のいい国の一つとして高く評価されているが、絶対に安全といえるところなどどこにもないと認識しておくべきである。忘れたころにやってくるのは災害だけではなく、犯罪もそうである。あくまでも自分の身は自分が守るというのが原則である。

私は今では、自分の身体的能力は若いころの半分、いや、四分の一くらいになっているのではないかと懐疑的になっていて、俊敏な行動で身の危険を回避することに、限界があることを自覚している。道路を横断するとき、はるか遠くにこちらに向かってくる車が目に入ると、ついこの間までは余裕で道路を渡りきることができると思っていたが、今ではそんなに急いで渡る必要もないし、途中で足がつって立ち往生することにならないともかぎらないと考えて、車が通り過ぎてから横断することにしている。

また、混雑している駅の構内を歩いているとき、若いころは、人とぶつからないようにすいすいと、芸術的ともいえるほどの素早さで身をかわすことがごく自然にできていたのに、今では人の流れに無様にあらがって、あちこちでぶつかりながら、かろうじて歩を前へ進めている有様である。

人を見て詐欺師と思える力があるか

かつて、国の代表者間の公の会談で、「トラスト・ミー」（“Trust me”私を信用してほしい）と懸案事項の履行を公言したにもかかわらず、いとも簡単にそれを反故にして日本の信用を失墜させた政治家がいた。その人は、善意に解釈すれば、「最善をつくす」（I'll do the best）という意味で“Trust me”と言ったのかもしれないが、相手は「何とかするから、任せてほしい」と言明したものと常識的に受け止めて信用したのに違いない。

これは外国語の使い方を間違えただけ、ではすまされない、信義にもとる軽率な発言であった。そのことがあってからは、日本人が外国人とのビジネスの折衝の場で、“Trust me”と言いづらくなったのではあるまいか。

私たち日本人は総じてお人好しで、すぐに人を信用してしまう。人を見たら詐欺師と思え、とまでではなくとも、信用するに値するかどうかを慎重に考えるクセをつけておくべきである。

さすがにもう今ではそういうことはほとんど見られなくなったが、私が医者になりたてのころは、まだ「由らしむべし、知らしむべからず」の気風が先輩医師たちの間には色濃く残っていた。これは「論語・泰伯」からの言葉で、為政者は人民を施政に従わせればいいのであり、その道理を人民にわからせる必要はない、という意味である。

これを医者と患者さんの立場に置き換えてみると、医者は患者さんに自分を信用させて、病状や治療方針に関しては一切知らせないほうがいい、という意味になる。病状や治療方針について患者さんに説明しても理解は得られないうえに、余計な心配をさせてしまうことにもなるので、何も語らずに自分を信じさせるようにしたほうがいいと解釈したのであろう。

まさにこれは、強引な〝Trust me〟である。今日では「インフォームド・コンセント」、すなわち「正しい情報を得た（伝えられた）うえでの納得・同意」が患者さんから得られたうえで治療が行われることが推奨され、次第に普及してきている。インフォームド・コンセントによって、医者と患者さんとの信頼関係は、従来と比べればかなり改善されてきていると思う。

自分に固執せず柔軟性を持って進む

高齢になると体力の衰えとともに、脳力・判断力も確実に衰えてきていることは、口惜しいことだが、はっきりと認識しておいたほうがいい。大切なことは自分一人で即断即決しないことである。自分の考えに固執せずに、もしかしたら間違っているかもしれないと疑念を抱くことを躊躇(ちゅうちょ)しなければ、思考の柔軟性を失っていないと自信を持っていい。

医者は患者さんの体に何か異常が起きているのではないかと疑い、それを探し出して治療するのが仕事である。高齢の患者さんを診察する際には、とくに大きな問題はなさそうな場合でも、体のどこかにがんが隠されているかもしれない、元気そうに見えても、うつ状態が根底にはあるのではないか、単なる物忘れではなく認知症ではないか、元気がなく、食欲がなく、いつもと様子が少し違っているだけだが、ひょっとしたら肺炎かもしれない、などと、常に疑いの目をもって臨むことにしている。

目の前の出来事の是非を考慮するとき、軽々に「是」として納得するのではなく、注意深く「非」の疑念を抱くことが転ばぬ先の杖になる、と思っている。

老いの身支度
——人生は有限である

「今さらを今からにして老いの身支度」と心得て、自分の身のまわりを見わたしてみるのも、まんざら無駄な暇つぶしにはならないと思う。年をとると、とくに男性はそうなのだが、身近なところに気軽に付き合える仲間がそんなにはいないことが多く、いてもいささか無理をして付き合っているようなところがあって、心から打ち解けるまでにはいたらないでいる。

遠くにいても昔からの友は、そう度々会うことがなくても、ただ、いるというだけで心の支えになっている。そんな旧来の友が亡くなると、脳のＣＴ画像に脳梗塞の所在を示す黒点のように、心の中に大きな黒点が墓標として刻まれることになる。その心の黒点が年を追うごとに数を増し、心を重くしている。

年をとってくると人と人との日々のつながりがそれまでにもまして必要になってくる。それにはとにもかくにも新しい友だちを作るように心がけるべきである。同年代の多くの人は同じように新しい友を求めているので、こちらから手をさしのべれば思いのほかの成果を挙げることができる。長年の友のような関係までにとはなかなかいかないとは思うが、できるだけそれに近い関係になるように心を開いて付き合う姿勢を示す必要がある。

そのためには、これまでのキャリアを背負った自分から卒業して、新しいコミュニティの新入生になった気持ちで、新しい自分創りにチャレンジすることが求められている。

スポーツジムは格好の社交場

友だちづくりには、地域の人たちと日常的に一緒になれる場、たとえば体操、グランドゴルフ、太極拳、ヨーガ、水泳などの中高年者を中心にした運動の同好会的なものがあればそれに参加してみるのもいい。なお、近くにスポーツジムがあれば、何をおいても、一押しのお勧めである。

スポーツジムは、筋トレコーナー（多くの筋トレ用マシーン、バーベルなど）、有酸素運動コーナー（トレッドミルや自転車などのランニングマシーン）、スタジオでのインストラクターによる指導で行う運動コーナー（エアロビクス、ズンバ、ヨーガ、ピラティス、ボールエクササイズなど）、プール（自由に泳いだり、水中ウォーキングしたりするほかに、水中エアロビクス、種々の泳ぎ方レッスンがある）など、多彩な運動プログラムが用意されているので、自分の都合のいい時間に、自分の好きな運動を好きなだけすることができる。そして、そこには何人もの若い体育会系の礼儀正しい、愛想のいいスタッフがいて、私たちの要望に応じて、わかりやすく指導してくれる。

私はもう三十年以上も近くのスポーツジムに通っている。定年退職してからは週に二回から三回、午前中に行くことにしている。この時間帯に来ている人は、とくに男性は仕事の第一線から退いている私と同世代の人が多く、毎日欠かさず来ている人も少なくない。

そうなると、毎日のように同じ人と会うことになるので、そこが一つのソサイエティになって、多少不自然さを感じることがあるようだが、それでも表面的には仲のいいグループが形成されて、ゴルフや飲み会などを誘い合うまでに進展することも少なくないようだ。

そこまでの仲間にならないまでも、スポーツジムに来て、いろいろと世間話をするだけでも老いの持ち時間に潤いを持たせることができる。女性は男性より友だちづくりの才に長けているので、旅行のお土産、到来物、自慢の漬物、自家菜園の野菜、庭の花などを親しい付き合いになっている人に持ってくるなどして親交を深めている。

高齢者にとっては、スポーツジムは格好の社交場である。これを利用しない手はないと思って、患者さんにはいつも勧めている。

悩んで、悲しんで、恨む時間がもったいない

年をとってくれば体も頭も衰えてくるのはしかたがないことだが、それにどう立ち

向かうかと知恵を働かせるのも老いの身支度の重要事項である。そのための強力な助っ人となるのが総合的な診療に応えてくれる内科医をかかりつけ医として確保することである。公的な健康診査（四十歳から七十四歳の国民健康保険特定健康診査、七十五歳以上の後期高齢者医療健康診査）は必ず受け、その結果をかかりつけ医に提出して、健康状態の改善・維持を相談することをお勧めしたい。

そして、長年にわたり「老いの身支度」として提唱している「一読、十笑、百吸、千字、万歩」を習慣にすることで、高齢者の心身の老化防止に役立てていただきたい。「一読、十笑、百吸、千字、万歩」は、老いの身支度のウォーミングアップにはなるので、一日の生活の中で、折に触れてこれを思い出すようにして、そのときまだしていないことがあれば、それを実行してみることを重ねてお勧めする。

年をとった今でも悩みごとはいくらもあるが、もうこの先、そう長いことはないと覚悟を決めると、どんな悩みもそう大したことではないと、切り捨てて考えられるようになる。もう、悩んだり、悲しんだり、憎んだり、恨んだりして、残り少ない時間を使うのはもったいないと思えてくる。

もうじき死んでしまうんだから、あとは野となれ山となれ、と開き直るのも、老いの身支度の極意の一つだと思うことにしている。

第三章　生活を少しだけ改善させるヒント

過保護という名の暴力
——高齢者は弱者ではない

親が子供の教育に熱心なあまり、子供のそばに付きっ切りになって、一方的に教え込むのは子供の自主性を阻害するもので、過保護という名の一種の暴力に等しいとする考え方がある。過ぎたるはなお及ばざるがごとしで、過保護が有害にもなるということは周知の事実として理解できるが、それが一種の暴力になっているという表現には、正直、どきっとした。でもすぐに、なるほどそうかもしれないと、納得した。そのことで真っ先に頭に浮かんできたのは、高齢者への過保護である。

高齢者は決して弱者ではないのに、周囲の人が、あれも、これもと横から手を貸して、高齢者ができることを奪ってしまっているのを見かけることがよくある。高齢者もまわりの人が親切にしてくれようとしているのを無下に断るのも角が立つとして（中には、これ幸いとばかりに横着を決め込んでいるようにも見える人もいるが）、好意に甘んじることもあるだろう。

このような高齢者への過保護が日常化してくると、自分から体を動かして何かしようとはしないで、周囲の人に頼ってばかりになってしまう。そうなると、やがては体を動かさないために筋力が著しく低下して、身体能力が大幅に低下する廃用症候群（生活不活発病ともいう）にもなりかねない。そうなると、過保護は明らかに暴力的行為になる。

リハビリ時は鬼にならなければ

脳卒中後の患者さんの中には、不自由な姿を人前にさらすのが恥ずかしい、やる気が起きない、疲れるなどと、何だかんだ理由を作って、リハビリに真剣に取り組まない人がいる。

そんなとき、本人があんなにリハビリを嫌がっているんだから、自分からやる気が出るまで、しばらくはそっとしておいたほうがいいと、近親者が患者さんの心境を慮（おもんぱか）って、過保護に対応していると、リハビリの効果が得られる絶好の時機を逸して、その後の運動機能の回復に決定的なダメージを与えることにもなりかねない。リハビリに際して、近親者はときに鬼にならなくてはならない。

脳卒中後のリハビリの話が出ると、いつも頭に浮上してくる人がいる。その人は元ＮＨＫアナウンサーであり、スポーツ評論家でもあった故鈴木文弥さんである。鈴木文弥さんは、一九六四年のオリンピック東京大会での実況放送で、「金メダルポイント」「ウルトラＣ」などの名言を遺した名スポーツアナウンサーとして広く知られている。

鈴木文弥さんはある夜、民放で野球の実況放送終了の挨拶をし終えた直後に、脳卒中を起こして、意識不明となり緊急入院となった。幸い一命を取り留めることに成功したが、半身不随と言語障害になってしまった。その後のリハビリに関する笑いと涙のエピソードは、ＮＨＫ文化センターの特別公開講座「すこやか健康教室」の全国ツアーで何度かご一緒した際に講演のハイライトの中で聞かせていただいた。

「リハビリ室で歩行訓練をしたあとも、病棟の長い廊下を何度も往復して、医者から無理するなと注意されましたがやめませんでした。医者の言うことを聞いていたら、治る病気も治りませんからね。いや、でも、これからお話しする石川先生は別ですよ……」

と言って、笑いをとったあとで、感動的な話をした。退院してからは、自宅周辺での歩行訓練を毎日欠かすことなく続けていたが、さすがに雨の日には雨合羽を着て出かける気になれずにいると、夫人は何が何でも歩行訓練に出かけるようにと、強引に鈴木文弥さんを家から追い出すように送り出していたとのことだった。

「そんなとき、女房が鬼のように思えて、別れてやると悔し涙を流したこともありました。でも、あとになってあのときの女房のことを考えますと、雨の降る中、雨合羽を着て足を引きずりながら出て行く私の後姿を見て、泣いていたのは女房だったと思います」

会場内は感動の波に包まれシーンとなり、ステージの奥で待機していた私は、何度この同じ話を聞いても、そのたびに目頭が熱くなった。鈴木文弥さんはこうしたリハビリが功を奏して、私と講演旅行をするころには、言語障害もなく、歩行障害もそうといわれなければわからないほどに回復していた。そこまで回復したのは、鈴木文弥さんの超人的なリハビリへの努力であったことはいうまでもないが、夫を過保護にせず、冷徹に見守っていた夫人の愛の力も大きかったと思う。

「家事手伝い」という女房からの愛のムチ

かつては心不全の患者さんには、心臓に余計な負担をかけないようにと安静を厳守させていたが、今では肺が水浸しのようになっている急性期を脱して、安定状態になった段階からは、徐々に積極的に体を動かす医療方針がとられている。それは、病状が安定してからも安静状態を続けていると、筋肉が萎縮し、運動機能や呼吸機能が低下し、かえって心不全の回復を妨げることにもなるからである。

定年退職後はそれまでの激務に耐えてきた自分を癒すために、存分に体を休めて、悠々楽々な日々を送りたいと夢見てきた男性にとって、現実は、多分、そんなに甘いものではないだろう。女房殿から過保護は猛毒とばかりに、家事の手伝いにこき使われている毎日ではないだろうか。

でも、これは亭主を老い込ませずに、生気を甦らせるための愛のムチかもしれないと甘受しておいたほうが、私の個人的な経験からだが、気が楽になるのはたしかである。

身づくろい

——ときどき、子供や孫にチェックしてもらおう

地元で開催されたクラシック音楽の演奏会に出かけたとき、すぐ前の席の高齢の男性から古雑巾から臭ってくるような鼻をつく強烈な悪臭がじんわりと漂ってきた。隣の席にいた人は悪臭を避けるためにその男性から少しでも身を遠ざけようと、体をねじるようにしていたが当の本人はそのことにはまるで気づいていないようであった。

この臭いは汗や皮脂などが酸化されたり、表皮に常在している細菌で分解されたりして発生する体の汚れによる特有な臭いである。このような臭いが出ているのは、相当長い間入浴をしていないか、同じ下着やシャツを取り替えずに身につけているからである。

この臭いはいったん衣服についてしまうとなかなかとれずに残ってしまう。大学に勤務していたときに満員の電車やバスの中で、ときどきこの臭いを嗅ぐことがあったが、最近は清潔志向が高まっているせいで、ほとんど嗅ぐことがなくなっている。だが、それほどひどい臭いではないが、かすかにこの臭いを残している人が、とくに高齢者に見かけられることがある。

一般に視覚、聴覚、味覚、嗅覚などの感覚器は強い刺激に常にさらされていると、次第にその刺激に対して鈍感になってくる。嗅覚の場合、これを「マスキング効果」といい、強い臭いに長期間接していると、その臭いに鈍感になる。このマスキング効果で前の座席に座っていた男性は自分ではこの臭いをほとんど感じていなかったのだと思う。

老紳士のきつい臭いの元は……

ずいぶん前の話になるが、カナダのアルバータ州のカナナスキス（二〇〇二年六月に第二十八回主要国首脳会議が開催されたリゾート地）で開催された心電図の国際学会に参加した折に、バイキング形式の夕食会に家内や娘たちと共に参加したときのことである。

会場内には十人はかるく座れる大きなテーブルがあちこちにおかれていた。私たちのテーブルからそう離れていないテーブルには、不思議なことに夫婦とおぼしき高齢の二人しか座っていなかった。他のテーブルは多くの人で賑わっていたので、二人だけでひっそりと座っていることに奇異な感じがしたが、その理由がやがて明らかになった。

そのテーブルにいる老紳士は学会や研究会で何度も研究発表を聞いたことがある国際的にも著名な研究者だった。その研究者は私がジョージタウン大学に留学していたときの指導教授と親交の厚かった人で、教授の部屋での個人的なミーティングに何度か参加したことがあった。その二人しか座っていないテーブルには何人もの人が挨拶に訪れて隣の席に座るのだが、しばらくすると席を立っていなくなった。

私もころ合を見て家内と挨拶に出かけ、家内は夫人の隣に私は研究者の隣に座って、すでに亡くなっていたかつての指導教授の話などをしたのだが、そのとき研究者から明らかに尿臭とわかるかなりきつい臭いが吹き出すように臭ってきた。

それが尿失禁の始末が十分に行われていないためのものということは、すぐにわかった。本人も夫人もそれに気づいてはいないようだった。私たちはすぐにその場を立ち去るのも礼を失すると思って堪えていたとき、一組の夫妻が挨拶に来たのを機にその場を後にして元のテーブルに戻ったのだが複雑な心境だった。今にして思えば、お二人は認知症だったのかもしれなかった。

清潔さこそ、熟成した大人の心得

高齢者は何はさておき清潔を第一に考えて身辺の身づくろいを心がけたほうがいい。そして、自分では気づかないことがあるという前提に立って、ときどきは子供や孫などの気のおけない身近な人間に、身づくろいで注意すべきことがないかどうかを訊くのが賢明な身の処し方である。

こんな話を聞いた。久しぶりに訪ねてきた幼稚園生の孫娘が飛びついてきてすぐに、「おじいちゃん、くさ〜い！」と言って逃げ出してしまった。このことで初めて自分が臭いことに気づいて愕然となったという。

その人は夫人を三年前に亡くして一人暮らしをしている古希を過ぎたばかりの元証券マンで、今は自宅でパソコンを使って株や外国為替の売買を仕事半分、趣味半分でしている人である。自宅を仕事場にしているので、家にこもりがちの生活で、外出着に着替える必要もなく、普段着か、ときには一日中パジャマのままで過ごすこともあるらしい。

そうなると、男やもめに何とやらで、部屋の掃除も洗濯もめったにしなくなり、肌着も何日も取り替えなくなり、そのうえに着る衣服も同じものを着て過ごすことが多くなる。こんな生活をしていれば、孫娘が「おじいちゃん、くさ〜い!」と言って逃げ出しても無理はないだろう。

私たちは自分一人で生きているのではなく、自分を取り巻く外の世界を意識して、周囲の人を大切に思っているという姿勢を示すべきであり、普段から身づくろいに気を配るように心がけていたい。家にいるときでも、隣家の人が回覧板を持って訪ねてきたり、郵便配達員が書留を届けに来たり、宅配便の人が来たりするかもしれないので、いつもそれなりにきちんとした身づくろいをしておくのが熟成した大人の心得である。

私たち高齢者は常にクリーンなボディでいることを忘れてはならない、と自分に言いきかせている。

骨まで愛して
——若さとパワーの源は、骨である

真正面から直に骨と対面したのは医学部に入学して三年目（専門課程の一年目）の解剖学の実習のときだった。秋から始まる人体の解剖実習の前に、骨についての講義と実習が行われた。人体には約二百個の骨があるが、そのうちの主要なすべての骨が学生一人ひとりに貸与され、これを用いて解剖書と照らし合わせながらの実習が行われた。

一つひとつの骨の名前だけではなく、骨の突起、溝、穴、凹凸、先端部、末端部、など些細な部分につけられた名前までも、日本語、英語、ラテン語の学名で覚えなくてはならなかった。これらの骨の名称をまとめた辞書のような分厚い本まであった。

とにかく辞書一冊分に相当するくらいの量の骨につけられた解剖学上の学名を頭に叩き込まなくてはならなかった。

これは記憶力の限界に挑戦するような過酷な試練だったが、怠け癖がついていた脳細胞にはいいショック療法にはなった。もし整形外科医になっていたら、あのときの骨の猛勉の恩恵に浴していただろうが、骨とは縁遠い循環器を専門にする内科医になった私がその後、骨と直接関わることはあまりなかった。

アメリカの犯罪捜査ドラマ「ボーンズ　骨は語る」は、二〇〇五年にスタートして二〇一七年でシーズン十二をもって終結した人気テレビ番組である。

このドラマは、「ボーンズ」と呼ばれる女性法人類学者テンペランス・ブレナンを主人公に、現場に残された被害者の骨から、年齢、性別、人種、病歴、殺害された状況など事件解明の鍵になる証拠を見つけ、ＦＢＩ殺人捜査班の特別捜査官シーリー・ブースと共に事件を解決していく姿を描いたものである。

もちろん、すべてがフィクションと承知しながらも、殺人現場の死体の状態は医者の私が見ても、目を背けたくなるほどの気味の悪さで描出されている。剖検室では広い台の上に全身の骨が整頓して並べられている場面がよく出てくる。それを見ると、学生時代のあの骨の実習が思い出され、その当時の場面がいくつも脳裏に浮かび上がってくる。

精力、筋力、記憶力、免疫力をアップさせる

ＮＨＫのテレビ番組「シリーズ人体　神秘の巨大ネットワーク　第三集〝骨〟が出す！　最高の若返り物質」（二〇一八年一月七日放映）はなかなか見ごたえがあり、刺激的だった。ノーベル医学・生理学賞を受賞した京都大学ｉＰＳ細胞研究所の山中伸弥教授がコメンテーターとして、わかりやすく明解に解説してくれた。

この番組では、骨が果たす役割は単に体を支えるだけではなく、全身に向けてさまざまなメッセージ物質を送り出す立派な臓器であることを伝えていた。まだラットによる実験の段階だが、骨から作り出されるオステオカルシンが海馬に作用して記憶力を高めていること、筋肉のエネルギー効率を高めて筋力をアップさせていること、男性ホルモンのテストステロンを増やして精力をアップさせていること、そして、オス

テオポンチンが免疫力を高めていること、などを明らかにした。

　こう見てくると、骨は精力アップ、筋力アップ、記憶力アップ、免疫力アップに関与している、まさに若さを司る大きな臓器といえそうである。

　大腿骨頸部骨折をした高齢者の四、五人に一人が一年以内に死亡するという報告もある。骨折して治療のために長期間動きが少ない生活をしていると、骨量が減り、若さを生み出すメッセージ物資の産生が減少し、全身の老化が進み、免疫力も低下し、死亡リスクが高くなると考えられている。

　私が診療していた患者さんにも、転倒して足や手の骨を折り、入院治療を受けているうちに、認知症の症状が出現してきて、それ以来寝たきり状態になった人が何人もいる。

　その一方で、何度も足の骨を折り、その都度手術を受けたが、入院中も積極的に動き回り、退院後は骨折する前と変らず、仕事で国の内外を超人的な多忙さで飛び回っている、私より何歳か年上の著名な作家もいる。

階段を下りるときは、骨力強化のチャンス

骨も新陳代謝によって日々変化している。骨の一部が破骨細胞によって削り取られ、そこを骨芽細胞が修復するという作業が全身の骨で日々繰り返されている。大よそ三〜五年で骨の全体が入れ替わってしまうほどの速度で新陳代謝が行われているのである。

削り取られたところがきちんと修復されている限り骨の強度は保持されるが、修復作業が十分に行われなくなると、骨は脆弱になり骨折しやすくなる。骨芽細胞による修復作業は骨に衝撃を与えることにより活発になるということで、飛び上がることを繰り返す体操が推奨されている。

そこまでしなくても、歩くときかかとを少し強く地面に押しつけるとか、階段を下りるときに、どすん、どすん、と力を込めるなどすればいいと思って実行している。

骨休めはどうやら高齢者には禁忌のようである。

昔、流行った歌謡曲「骨まで愛して」(歌手＝城卓矢、作詞＝川内和子、作曲＝文

れいじ）の中で、「骨まで骨まで　骨まで愛してほしいのよ」が繰り返されている。「骨まで愛してほしい」という若人の熱烈な求愛の狂気が込められている歌詞には今も薄気味の悪さを感じてしまうのだが、これを高齢者に向かっての助言として口にすると、精力、筋力、記憶力、免疫力をアップさせる重要な臓器である骨を愛情を込めて大切にするようにと奨励しているような響きになっている。

骨を知り、骨を愛し、骨を鍛えることは高齢者の必須の心得である。

小さなお世話

――世話好きと若々しさの相関関係

人の世話をするのを苦にしないというか、何もしないでただじっと見ているだけではすまされないという世話好きの人がいる。若いころは、いろいろと世話をやかれると、親切でそうしてくれているとわかってもいるし、感謝もしているのだが、うっとうしさが先に立って、素っ気なく対応してしまうことが度々あった。だが、高齢の身になってみると、そのような人が周囲にいると、実際に助かることが多いので、大切にお付き合いをしたいと思うようになる。

世話を受ける立場になっても、何でもかんでも世話になるというのではなく、何とか自分でできることは自分でするようにして、できるだけ世話になることを減らすように心がけるべきである。高齢であることは特権でも何でもないので、面倒を見てもらって当然と構えるのは、成熟した高齢者がとるべき姿勢ではない。

世話を受けたら、たとえそれがほんのわずかなことであっても、きちんと謝意を表すべきである。場合によっては、それ相応のお金や品物を添えて謝意を伝えるのが望ましいこともあるが、それより何より大切なことは本心からの感謝の気持ちを言葉と態度で表現することである。

高齢になっても、また、多少体が不自由であっても、心がけ次第ではまだちょっとした小さな世話ならいくらでもできるはずである。近所付き合いは、世話をされたり、世話したりのお互いの小さな世話のし合いでつながっている。

近くにいる一人暮らしの高齢者に毎日声をかけて様子を伺い、何か手助けを必要としているような場合には、自分一人でそれを引き受けるのが無理なら、近所の人たちに声をかけて、一緒に世話をしているという世話好きの高齢の女性がいる。

その女性は高血圧、腰部脊柱管狭窄症（ようぶせきちゅうかんきょうさくしょう）、変形性膝関節症などの慢性疾患の治療で病院に通院加療中なのだが、傘寿を越したとは思えないほどの活力に満ちている。まだ、自分は人様の役に立っているという自覚が精神の姿勢を正して、生きるエネルギーを産生させているに違いないと思えてくる。

イタリアの街中にいる「道聞かれ顔」の人々

人類学者の故野村雅一氏は、イタリアの街中で道を聞かれたがっている表情でたたずむ人の顔を「道聞かれ顔」と呼んだ。そう言われてみると、たしかにそのような人（ひと）懐（なつ）こい顔をした人を日本でも、とくに地方ののんびりとした町や村で見かけることがある。そのような人に出会うと、つい、こちらから声をかけたくなる。

外出先でちょっとしたことを誰かに訊こうと辺りを見わたすと、たいていはひと目で気楽に訊けそうな人かどうかの見分けがつく。表情を含めた全身から相手を全面的に受け入れるというオーラが湧き出ているのである。

実はこの「道聞かれ顔」が医療者が患者さんとのコミュニケーションを深める橋渡しの助けになっているのである。ところが、医療の現場では「道聞かれたくない顔」になっている医療者を多く見かけるのが現状である。

「いろいろとお訊ねしたいことがあっても、先生はパソコンの電子カルテに書き込むのが忙しくて、私の顔をチラリと見て、早口で一方的に話をして、それでおしまいということになって、追い出されるようにして診察室を出てくることになるんです。先生には患者の話を聞く気など毛頭ないように思います」

こんな耳に痛い話がときどき聞こえてくる。

大学病院に勤務していたとき、医局員には担当している入院患者さんのところへは診察以外にも、時間を作って話しに出かけていくように勧めていた。診察をするだけではなく、世間話をする気持ちで患者さんと話をすることで、コミュニケーションが深まり、患者さんから信頼を得ることができるのは本当である。

思い違いかもしれないが、近ごろ世話好きの人があまりいないような気がする。それは他人のことにあまり関わりたくない、他人からとやかく干渉されたくない、という人が増えてきたからではないだろうか。

見合いの仲介という誉れある仕事

独身を続けている結婚適齢期の男性や女性が私の周辺にも何人もいる。なぜ結婚しないのかは、これまで結婚したいと思った人との出会いがなかったか、あるにはあったがそれが成就しなかったか、結婚すること自体に関心がない、などそれぞれに理由はあるのだろう。だが、もしそこに世話好きの人がいて、結婚相手を引き合わせる「お見合い」の面倒をみてくれることがあれば、結婚への道が大きく開かれることになるのは明らかである。

今どきお見合いなど時代遅れと敬遠する人がいるかもしれないが、見合い結婚をして金婚式を迎えることができた身として、見合いは堅実な婚活の一つとして評価できると明言できる。

私たち高齢者の人脈は若い人とは比較にならないほど深遠にして広範囲に及んでいるので、人探しにはもってこいの位置にいる。この人脈を介して身近にいる未婚の人たちの見合いの仲介を世話するのは、社会への恩返しを考えている高齢者の誉れある仕事になると思う。高齢者の宝ともいえる人脈を若い人たちのために有効に使うべきであると思っている。

善玉、悪玉
――バランス思考が身を助ける

嘘か本当か、いい奴か悪い奴か、高いか安いか、体にいいか悪いか、旨いか不味いか、好きか嫌いか、などと物事は単純に二分して考えられるものではないと、頭の奥のほうでは承知しているはずなのだが、たいていの場合、ろくに考えもしないで、どちらか一方に決めてしまう。

だが、実際には、必ずしもそうとばかりは言えないが、どちらかと言えば、そういうことになるのかな、というくらいのいい加減な意味合いで二つに分けた一方を支持してしまうことが結構ある。それでも、人の話の中で、必ずとか、絶対にとか、完全に、などの言葉が紛れ込んでくると、まず、そんなことはあり得ないと頭からそう思ってしまう。

これらの言葉は百パーセントの確率でそうであることを示唆しているので、それが単なる言葉のあやとわかってはいても、話そのものへの信頼度も興味も希薄になる。

「いい」と「悪い」を併せ持つのが普通

ほとんどの場合、すべてがよくて悪いことが一つもないことも、すべてが悪くていいことがまったくないということも、まずないと言っていい。いいことと悪いことがどちらか一方に大きく傾いていることはあっても、その両方を併せ持っているのが普通である。誠実な人がときには軽い嘘をつくこともあるだろうし、意地の悪い人が親切なことをすることもあるにちがいない。だが、いったん、いいか、悪いかのどちらかだと思い込んでしまうと、その殻を破って、そうとばかりではないという考えがなかなか出てこないことが多い。

良し悪しというわかりやすい区分けだけではなく、たとえば、あの人は自分の考えが常に正しいと思っていて、決して人の意見を取り入れることをしない、と思い込んでしまうと、そうでないこともある、という選択肢がすぐには頭に浮かんでこないことがある。

ＬＤＬコレステロールが異常に増加すると、動脈硬化が促進されて、心臓や脳の血管に障害をきたし、狭心症・心筋梗塞・不整脈や脳卒中などの発症リスクが上昇する。このことからＬＤＬコレステロールは悪の根源とみなされて、悪玉コレステロールと不名誉なあだ名がつけられている。一方、ＨＤＬコレステロールは動脈壁からコレステロールを剝ぎ取ったり、抗酸化作用や抗炎症作用や抗血栓作用があり、強力に動脈硬化を予防することから、善玉コレステロールという敬称で呼ばれている。

実際、ＬＤＬコレステロールを減らして、ＨＤＬコレステロールを増やすことが動脈硬化の治療と予防にきわめて重要であることは間違いないのだが、あらゆる状況下でＬＤＬコレステロールが悪玉で、ＨＤＬコレステロールが善玉であるとはかぎらない。ＬＤＬコレステロールが善玉に、ＨＤＬコレステロールが悪玉になることもあるのである。

ＬＤＬコレステロールが高値を示している血液透析の患者さんは、感染症による死亡リスクが低下していることが米国腎臓病学会から報告され、LDLは悪玉ではなく善玉として評価されている。また、メタボリック症候群では、HDLコレステロールの増加は狭心症や心筋梗塞などの冠動脈疾患の発症リスクになる可能性があると米国のUCLAからの報告があり、HDLコレステロールは悪玉とみなされている。

ほとんどの薬剤は期待されている好ましい薬効（善玉）とともに、多少なりとも有害な副作用（悪玉）があり、百パーセント安全ではない。その副作用は通常の検査所見に表れない程度の軽微なものであることが多いのだが、人によっては高度な障害を及ぼすこともある。また、医師の処方箋なしで入手できるビタミン、ミネラル、アミノ酸などのサプリメントにも善玉と悪玉が入り混じっていることもしっかり認識しておくべきである。

不運を乗り越える自信の身のつけ方

いいことばかりが続くと、こんなことは長続きするはずはなく、今に予想がつかないほどの悪いことが起こるに違いないと不安になる習性が、いつごろからだったとははっきりしないが、中年期に入ったころにはすでに私にまとわりついていた。

そんな「好事魔多し」を恐れているとき、エレベーターに乗り遅れたり、事故による電車の運休に巻き込まれて会合に遅れたり、大事にしていたボールペンをどこかに置き忘れたりするなどの些細な悪いことが起きると、これが大難を小難にするための帳尻合わせに多少は寄与したかもしれないなどと受けとめて、気持ちのどこかでちょっとだけほっとするのである。

一方、これでもか、これでもかと悪いことが連続して起きていたときは、この危機をどう乗り越えるかと悪戦苦闘をしながらも、こんな状態がいつまでも続くはずはない、いつかきっと上昇気流に乗って脱出できると自己暗示をかけて、そのときできることにがむしゃらに挑戦したものである。この気骨は不思議と少年のころから身につけていたと思う。

これから先、何が起こるかわからないが、「災い転じて福となす」ことが得意技になっているので、たとえ不運に見舞われても、何とか乗り越えられるだけの覚悟と自信がある。もうそんなに多くは残っていない持ち時間を精一杯面白がって過ごしたいと思っている。

ささやかなアドバイス
――今の生活を少しだけ改善させるヒント

行動経済学では「人に〝よい行動〟をとらせようとする戦略」としてナッジ(nudge)という概念があることを初めて新聞で知った。「ひじで軽くつつく」という意味の〝nudge〟という単語そのものも知らなかった。

「人々の行動をよい方向に変える一番効果的な方法は、態度や行動に〝大きな変化〟を求めるのではなく、〝ほとんど気づかないくらいにささやかな方法〟で誘導することではないか」という考えを基に発展したこの理論は、周囲の人たちに問いかけたり、助言をする際のヒントにもなるとして注目を集めている。このナッジ効果はさまざまな分野で現れている。

「ナッジ戦略」で人の行動が変る

オランダのアムステルダムのスキポール空港では、約四十年前から男性用トイレの小便器の排水口近くに黒い小さなハエの絵が描かれている。利用者がそれをターゲットにして用を足すと注意力が高まって粗相が少なくなり、飛沫の汚れが八十パーセントも減少したという。

今ではあまり見かけなくなったが、昔、男性の小便器にはたいてい、防臭や消臭の役目を果たすピンポン球のようなトイレボールが排水口に二つか三つおかれていた。利用者はそれを目がけて用をたしていたので、わが国でも相当前からナッジ戦略が行われていたことになる。学生のころ、泌尿器科の教授からこんな話を聞いたことがある。

「若いころは、便器の中のあのピンポン球を目がけて放尿してコロコロと転がしたものだが、今では情けないことに、放尿に勢いがなくなって、なかなか球に命中しなくなり、命中しても球はびくとも動かない有様だ」

教授は加齢に伴う前立腺肥大のために排尿の速度が低下して、勢いがなくなることをわかりやすく話したのであろう。今ではこの話を思い出すたびに身につまされる思いになる。

英国のデイヴィッド・キャメロン前首相が発足させたプロジェクト「ナッジユニット」で、「市民の多くが期限内に税金を納めています」という簡単なメッセージを伝えただけで、期限内に税金を納める人が増え、税収が大幅に増加したと報じられた。

これと同じようなナッジ効果をねらって、「この商品をご使用いただいている九十パーセント以上のお客様にご満足いただいております」といった広告をよく見かける。そんな広告を見るとつい、きっといい商品に違いない、と思ってしまう。

電車の中の座席やその前の吊り輪や吊り革の色をシルバーシートと一般座席とで明らかに異なったものにしているのもナッジ効果を期待してのことである。若い人が電車に乗り込んできて席が空いているので座ろうとして、席の色からシルバーシートだとわかると、そこから離れていく光景をしばしば目にする。それでも、中にはそれにはまるで無頓着に、堂々と座る若者もいるが……。

折れ線グラフで血圧を「見える化」

ナッジ効果が顕著に見られた面白い例がある。それは、放置自転車に悩まされていた京都の雑居ビルオーナーが、

「ここは自転車捨て場です。ご自由にお持ちください」

という文言の張り紙を出したのである。これは、「自転車を放置したら、誰かに持って行かれても知りませんよ」という意味なのだろうが、ひとひねりした巧みな張り紙である。この張り紙の効果はてきめんで、その後はビル内に自転車が放置されなくなったという。これは法的には多少問題があるようだが、自転車を放置しないという選択をさせるためのきわめて有効なナッジだったと思う。

また、カリフォルニアでは、「あなたの隣人はこのような形で省エネを実現しています」というチラシを配ったところ、住民の省エネ意識が高まったという。これも見事なナッジ効果の結果であろう。

医療の中でもナッジ効果が具現化されている場面がある。高血圧の患者さんには朝

と夜の二回、血圧を測定して、血圧管理手帳に記入してもらうことにしている。その際、ただ血圧の数値だけを記入するのではなく、それを折れ線グラフにして表示することを勧めている。数値だけ見ているより、折れ線グラフにすると、日々の血圧の動向が一目瞭然に把握できるので、患者さんの血圧に対する関心が高まり、日々の生活改善にも寄与することになる。

また、毎日の体重をグラフに表示することでダイエット効果が高まることも知られている。糖尿病の患者さんで検査ごとのヘモグロビンA1c（HbA1c。過去一、二ヶ月の血糖値の平均を反映している数値）をグラフに表示することで、ダイエットや運動のモチベーションを高めて血糖値のコントロールに成功している人がいる。

ほとんど気づかないくらいにささやかな方法で人を誘導する戦略であるナッジを賢く利用すれば、日常生活を穏やかに改善する方向に導くことができるに違いないと思っている。

記憶にありません

――もの忘れで落ち込まないコツ

国会に喚問された証人が「記憶にありません」を連発している場面をテレビで見ていて、そのふてぶてしい態度から、自分や組織を守るために、記憶にないと発言しているに違いない、とその背景にある詳細な事情など知りもしないで、ただ短絡的にそう勘ぐってしまう。だがその一方では、もしかしたら本当に記憶にないのかもしれない、という思いも捨てきれずにいる。

それは、重要事項として今取り上げられていることが、その当時はそれほど重要とは思われていなかったために、記憶からはずれてしまった、ということも当然起こりうると思うからである。

同じ出来事に遭遇してから何年か後に、そのことを昨日のことのように記憶している人もいれば、まるっきり覚えていない人もいる。それは主に記憶力の差によるのだろうが、その出来事に対する関心度の違いも関与しているのではないかと思う。家内と昔の旅の話をしていてそのことを実感することがよくある。

「あのとき、あのレストランで、あの料理を食べたでしょ。美味しかったわねえ。それから、ほら、あそこであのご夫婦に偶然、お会いしたのよね……」（ここでの「あの」のところは、実際にはもっと具体的に述べられている）と、私の記憶にあるか、ないかのすれすれのことがつい最近のことのように家内の口から飛び出してくる。そうかと思えば、

「あのとき、君がどうしても行きたいと言って訪ねたあの美術館に閉館時間ぎりぎりで間に合ったことがあったよね。でも、お目あてのフェルメールの絵が海外へ貸し出されているか何かで展示されていなくて、がっかりしたことがあったなあ」

と私が言ったとき、

「あら、そんなことあったかしら」

とまるで覚えていないような言葉がかえってきたりもした。

記憶の断片は、人それぞれである

近ごろは、家内と思い出話をしていて、お互いの頭の中に展開される情景にかなりの違いがあるのに気づいておかしくなることがよくある。もし、同じ場面での二人の頭の中の映像をビジュアル化して再現できたとして、二つの映像を比べたとしたら、一方の映像にしかないものがあるかもしれない。

もしそうだとしたら、一方の映像にしかないことについて、記憶している、記憶していないと意見が二つに分かれて当然である。どちらかが嘘をついているというのではなく、二人とも本当のことを述べていることになる。

当然記憶していると思っている相手から、記憶にないと言われたとしても、万が一にもそんなことはあり得ないなどとは思わずに、少なくとも、万が一くらいの確率では起こり得ることとして受け止めるべきなのである。

絶対に記憶しておかなくてはならない最重要事項のことから、記憶しても、しなくてもどうでもいいことまでのランキングが、人によって異なるのは当然である。ある人にとって、どうでもいいことは記憶の外におかれるか、かすかに覚えているにすぎないが、他の人にとってはきわめて重要なこととして記憶に残っていることだってある。

「そんなこと、言った覚えはない」
「いや、たしかにそう言った」

こんな場面はそうめずらしくはない。人の記憶はそれほど当てになるものではない。うろ覚えや記憶違いが原因で誤った判断をしてしまうリスクは誰にだってある。

どうでもいいことは、あえて覚えない

貸したことはよく覚えているが、借りたことは忘れがちになる。どんな些細なことでも借りは借りであり、それを返済しないかぎり、貸した人の心の中のわだかまりは決して消えないことを銘記しておくべきである。

貸し借りの対象は金銭や物だけではなく、自分に対する好意的な行為も含まれる。

金銭や物を贈られたときや、接待を受けたり、仕事の世話をしてもらったり、特別な配慮をしてもらったときなどには、相互の人間関係に則して、できるだけ早期に感謝の気持ちを明確に伝えるべきである。

そのときのファースト・ステップとして出す礼状は、印刷された紋切り型のものではなく、たとえ短くとも誠意のこもった文章で直筆で記すことで、感謝の気持ちをダイレクトに伝えることができるのである。

密かな自信の要にもなっていたまずまずの記憶力が何年か前から怪しくなってきた。新しく覚える記銘力はまだそれほど落ちてはいないのだが、覚えたものを保持する記憶力は明らかに衰えている。覚えているはずのことがすぐに思い出せないことがしょっちゅうある。そんな記憶力の衰えをカバーするには、薬の効き目が切れる前に薬を追加して服用するように、同じものを何度も繰り返し覚え直すしかないと思っている。

そうは言っても、長年酷使してきた記憶力は相当疲れているに違いないので、どうしても覚えておかなくてはならないことは別にして、どうでもいいことならあえて覚えないことにしている。

「記憶にありません」

と言っても、まあ、その年ならしかたがないだろうと、世間は寛大に受け止めてくれるだろうと、厚かましくも甘えることにしている。

年寄りの決断

——老、病、死の身支度

年をとって動作が緩慢になってきたこととシンクロナイズしているかのように、思考や決断の速度も緩慢になったように思える。一つのことを考えていてもなかなか前へ進まず、同じところで止まって、その周辺をのろのろ回転しているうちに、何を考えているのかさえわからなくなってしまう。

このようなことは以前にもまったくなかったわけではなく、仕事で疲労が重なったときなどにみられたことはあったが、近ごろはそれがそんなにめずらしいことではなくなっている。

これは明らかに認知機能が低下してきている証として受け止めて、もう何度も書いていることだが、一読（一日に一度はまとまった文章を読む）、十笑（一日に十回は大声で笑う）、百吸（一日に百回くらい深呼吸をする）、千字（一日に千字くらいは文字を書く）、万歩（一日に一万歩を目指して歩く）を基本にして、脳の活性化に努めている。

周囲への相談が特効薬になる

思考速度が緩慢になってはいるが、十分時間をかけて考えれば、大きな判断ミスをすることはないと思っている人でも、即断を要求されるような場合には、常識では考えられないような判断ミスを犯すことがある。

その典型的な例がオレオレ詐欺である。電話の向こうから、畳みかけるような早口でまくし立てられ、こちらに考える余地を与えずに、即座にイエスの返事を引き出す手口である。これは高齢者の緩慢な思考プロセスにつけこんだ巧妙な罠である。そして、いったんこうと決めてしまうと、あとはもうそのことに対して頑（かたく）なに自分の判断に固執しやすい高齢者の特性も詐欺師は十分読み込んでいる。

大事なことは短兵急に自分一人で決めずに、まずは近親者や友人、知人と相談してからにすることが大原則である。三人寄れば文殊の知恵、これこそが、高齢者の判断ミスを防ぐ特効薬である。

親交のある人から借金の連帯保証人になってほしいと懇願され、義理もあり、すぐに返済するということを信じて、その場で誰にも相談せずに印鑑を押してしまい、その後、最悪の事態へと発展して、多額の借金を負うことになってしまった、という悲劇に見舞われた高齢者が何人もいるという話を聞いたことがある。高齢になったら臆病すぎるくらいがちょうどいい。物事が上手くいくという予想より、悪くなることを念頭において、危ないことには手を出さないことである。高齢者は万一失敗したときには、もはやそれを取り戻すだけの十分なパワーも時間もないことを肝に銘じておくべきである。

担当医から冠動脈造影のような通常受けているような簡単な検査でないものや、慢性膝関節症や脊柱管狭窄症などの慢性疾患の手術を勧められたときは、その場ですぐに結論を出すのではなく、家に戻って近親者や友人、知人と相談をしたり、場合によっては他の医療機関でセカンドオピニオンを求めてから結論を出すくらいの慎重さがあっていい。

まだ判断力に自信があるうちに、はっきりと決断しておいたほうがいいことがいくらもある。遺産相続に関しては、折に触れて家族内で気楽な話題として取り上げ、そこから得られた情報を基に、先々深刻な問題にならないために、どうすればいいのかを検討しておくことである。そして、ある程度考えがまとまった段階になったら、遺言書としてまとめておくのもいい。その際、自分の独断ではなく、配偶者とも十分に話し合い、必要なら信用できる第三者と相談するのを厭わないことである。

生命維持装置などを用いずに逝くかどうか

認知機能が低下してきた場合のことも考えておくべきだと思う。認知機能が尋常でないと自覚するほど低下した場合はもちろんのこと、自分ではそうは思っていなくても、近親者から単なる加齢による変化ではなく、病的な認知機能低下であることを指摘された場合には、逡巡することなく専門医の診察を受けることを肝に銘じておくべきである。認知症の一歩手前の軽度認知障害の段階できちんとした治療を受ければ、半数以上の人が認知症への進行を阻止することができるのである。

人生の幕を閉じようとする段階になったとき、最後の最後まであらゆる手段を使って延命に努めてほしいと思っている人もいるだろうし、余計な生命維持装置など用いずに、自然に安楽な最後を迎えられるようにしてほしいと願う人もいるだろう。自分の意思を何かの折に、はっきりと家族に伝えておく心配りがあっていい。

これから先、必然的に起きてくる老、病、死に対して、どのような覚悟で立ち向かうかを、まだ、十分に自分である今こそ、真摯に考えるべきだと思う。

第四章　まだ捨てたものじゃない

待つうちが花

――人生のスパイスを探し求めよう

考えてみるといつも何かを待っているような気がしてならない。待っているという意識があるわけではないのに何かを待っているように思えてくるのである。日常の出来事のほとんどが、起こるべくして起こっていることの連続なので、次に何が起こるかはとくに意識しないままに待つことになる。

そうとわかってはいても、もしかしたらと夢のようなことを想像して、心の片隅でそれを期待している一面が誰にでもあるのではなかろうか。宝くじを買って当籤（とうせん）発表を待っている間、もしも一等が当たったら、という夢を見ているのが馬鹿馬鹿しいと思いながらも楽しい。

ジャンボ宝くじで一等が当たる確率は一千万分の一（これは五キロ入りの米袋四十袋の中の一粒に一等があるのと同じ確率）だとはっきりとは知らないまでも、まずは当たるはずはないと思いつつ、買わなくては絶対に当たらないし、当たっている人が必ずいる、という事実に夢をかけて籤（くじ）を買って夢の結末を待つのである。

私たち世代の若いころは、友人と待ち合わせをする場所は駅の改札口のことが多かった。電車が駅に着くたびに改札口から出てくる人の群れの中に友人の姿を探し、そこにいないとわかるとまた、次の電車が来るのを約束の時間と駅の時計の針とを見合わせ、いらいらしながら待つのである。でも、それがそんなに苦痛でないのは、会ってからあとが楽しみだからである。

今はもうあまり見かけなくなったが、以前は改札口の近くに伝言板が置かれていて、それに「先に行く」「連絡してくれ」「二時間待ったぞ」などと、待ちぼうけをくわされた人の恨みつらみがひっそりと込められた短いメモが残されていたのをよく目にしたものである。

他人が書き残したそんなメモを見て、ちょっと切ない気持ちになったことが思い出される。今では携帯電話でリアルタイムに連絡を取り合って待ち合わせをするので便利にはなったが、それはそれで待つ楽しみが奪われたような気もする。

還暦・古希・喜寿・傘寿・米寿・卒寿・白寿を祝う会、銀婚式、金婚式、勲章伝達式、孫の入学式・卒業式・成人式・結婚式など楽しいことが約束されている日は、幸せ満載の躍動的な気分で待てるのだが、自分や妻（夫）や近親者のがん検診や認知症検査など、その結果次第で天国か地獄かの分かれ目になるのを報じられる日は、苦と楽が入り混じった複雑な気持ちで待つことになる。

楽しい時間は、自ら率先して作る

このまま成り行き任せにして何もしないでいれば、血気盛んなころには勝手に飛び込んできていた、胸をときめかせるような出来事など、この先、奇跡でも起きないかぎり出てきはしない。楽しい時を過ごしたかったら他人まかせではなく、自分でそのような機会を率先して作るしかない。

私は楽しくなりそうなことを探して、その実現のための計画を練るのが好きで、若いころからそれをずうっと続けている。旅行はそんな計画の中での最大のイベントで、一年くらい前から検討しはじめ、たいてい半年前には準備は完了している。予定表の中に書き込まれた旅行日程を見るたびに、その日が来るのを待ち遠しく思いながら、いい気分に浸っていられる。

演奏会へ行く、演劇を見に行く、美術館に特別展示を見に行く、スポーツ観戦に行く、一流レストランで会食する、旅行に出かけるなど、先々に大小さまざまな非日常的なイベントを計画するのも楽しいし、予定が書き込まれた卓上カレンダーを見て、そのイベントの魅惑的な時間の流れを想像して、待ち遠しさを味わうのもいいものである。

楽しいイベントを先々まで程よい間隔をおいて配置するためには、日ごろから本気になって心がけていないとうまくいかない。物ぐさな私にしては、この手のことには妙に几帳面になれて、卓上カレンダーには二、三ヶ月先のほうまで賑やかに予定が書き込まれている。

冬芽を見て、待春を感じる醍醐味

待春という言葉が好きである。厳寒の冬の庭に枯れ木のような木の小枝の先に小さな膨らみが見られる。それは冬芽と呼ばれるもので、冬の間は冬眠して春になると芽が開いて葉や花になる。この冬芽を見ると、この寒さの中、じっと我慢をして春になるのを待っているんだな、と健気に思うと同時にお前も頑張れとエールを送られているように感知される。冬芽を見ると待春という言葉が思い浮かんでくる。

高齢者にとって、冬は血圧が高くなり、脳卒中や心筋梗塞・狭心症が発症しやすくなり、また、気管支炎・肺炎にも罹患しやすくなり、生命を脅かすリスクが高くなる、最悪の季節である。冬は早く過ぎて早く春になってほしい。

童謡「春よ来い」（作詞＝相馬御風、作曲＝弘田龍太郎）は、まさに待春を見事に表現している。

春よ来い　早く来い

あるきはじめた　みいちゃんが
赤い鼻緒の　じょじょはいて
おんもに出たいと　待っている

春よ来い　早く来い
おうちのまえの　桃の木の
つぼみもみんな　ふくらんで
はよ咲きたいと　待っている

これは童謡であると同時に老謡でもあると思われる。

羨ましい人
――「あんなふうになりたい」をエネルギーに

これまでに羨ましいと思った人はもう数え切れないほどいたし、今もいる。若いころは、欲しくても手に入らないものを持っている人を羨ましいと思うことが多かった。

小学校の高学年のころ、とくに羨ましいと思った友だちが一人いた。

彼は、ドッジボールが飛びぬけて上手かった。彼は背が高く、独特なフォームで投げるボールは、どちらに向かって投げられるかの予想がつかず、しかも猛烈なスピードと球威があり、他を寄せつけない強さがあった。何とかあんなボールを投げることができないかと懸命に練習したが、どうにもならなかった。彼は勉強もよくできて、格好がよくスター的存在で、クラス皆の憧れの的だった。

中学・高校時代には、勉強が面白くなってきたころでもあり、自分よりできると思う同級生に対しては闘争心と同時に憧れを感じていた。とくに、一人のクラスメートは、勉強だけではなく、スポーツ万能で、習字はいつも廊下に張り出されるほどの達筆で、また、見事な絵を描くし、ピアノも上手く弾くという、オールラウンドの秀才だった。

彼は、昼休みの間も参考書から目を離さないガチガチの秀才ではなく、皆と混じって、菓子パンをかけてトランプや将棋に興じたり、大人向けの雑誌の回し読みに加わったりしていて、勉強をしているという雰囲気はまるでなかった。それでも試験の成績は常に上位を占めていた。そんな彼に対して、敗北感が入り混じった憧憬と畏敬の念を抱いていた。

だが、大学に入ってからは、私もクラスメートも学業のうえでの競争意識はほとんどなく、やたらと多い試験に通ることに専念していて、成績を競い合うというムードはまるでなかった。これは医学部という特殊な学部だったせいかもしれない。医学部の学生は将来、医者になるしか道はないし、しかも、試験の成績で何かが選別されるということがないので、試験に通りさえすればいいのである。

それに、学内の試験は特別な才能など必要としなかった。ただちょっとだけ人並みを超えたくらいの記銘力と記憶力さえあれば、何とかなったので、知的レベルで同級生と競い合うという意識がなく、同級生に羨ましいという感慨を抱くことはなかった。

「スーパー老人」にはなれないけれど

だが医者になって研究を始めてからは、瞠目すべき業績を次々に挙げ、他の追随を許さない活躍をしている何人もの研究者に遭遇して、己の浅学菲才を恥じながら、羨望の念に駆られることが度々だった。

それも、もう遠い昔の話である。今は研究から身を引いて、かれこれ二十年近くにもなるが、学会誌や学術講演で画期的な研究報告に接すると、今でも胸躍る思いになる。だが、もう羨ましいという気持ちではなく、称賛と今後の活躍へのエールを送りたいという思いが心の中を満たしている。しかし、そのような仕事ができる若さとエネルギーに対しては、羨望の念が皆無であるとは言い切れないのも本当である。

今でも羨ましいと思う人がいくらもいる。私と同世代の人が私より元気でアクティブに活躍しているのを目の当たりにすると、正直、あんなふうになりたい、と思う。私は今も、週に二日、午後だけだが近くの病院で非常勤医師として外来診療に携わっている。このくらいが今の私にはちょうどいい仕事量と感じているが、私の周囲を見わたすと、大学の同級生や先輩の中には、週に四日、ないしは五日、それも午前も午後も診療していて、休みの日には小まめにゴルフをしたり、小旅行に出かけたりしているスーパー老人が何人もいる。

そんなスーパー老人は、忙しく働いているからこそ元気でいられると異口同音に言い、私に向かって、そんなぬるま湯につかっているような生活をしていると、今に呆けてしまうぞ、と冗談とも思えない口調で、もっと働くようにと勧めるのである。

このようなスーパー老人を見ていると、羨ましいとは思うが、生来の怠け者である私は、そこまで働く気には到底なれず、今のくらいの働き具合にとどめておいて、残りの時間の中に元気の源を作り出すほうが合っていると思っている。

同世代男性の見事なクロールに思うこと

家の近くのスポーツジムにもう三十年以上、週に二、三回通っている。三年ほど前からは、それまでしていたエアロビクスをやめて、筋トレと水泳をしている。私が行く午前中は、当然のことながら若者はあまりいなくて、中高年者がほとんどである。筋トレのエリアの一角は、マシーンを使ってのごく普通の筋トレではなく、ウェイトリフティングに当てられた特別なエリアになっている。

そこには、腹に太い皮のベルトを巻いて、いかにもアスリートという人たちだけが集まって、私たちのような筋トレの真似事をしている者には立ち入れない雰囲気がある。その特別区域では、定年退職後まもないくらいの人から、私と年齢がそれほど違わない人までが果敢にウェイトリフティングに挑んでいる。シャフトの両側にいかにも重そうな大きなプレートがついているバーベルを、台の上に仰臥位(ぎょうがい)になって、うなり声を吐きながら持ち上げている高齢者の姿は、壮絶を極めており、その中に悲壮感が漂っているように感じられて、凝視しがたくなる。

高齢者とは思えないがっしりとした筋肉がついているのは見事だし、ウェイトリフティングに挑む意気込みに感服はするが、羨ましいとは思わない。それに血圧は間違いなく上昇しているはずなので、心筋梗塞や脳卒中にならないだろうかと心配になってくる。

マシーンを使っての筋トレを終えてプールへ行くと、そこは明るく広い空間が広がっている別世界である。そこも若いインストラクターを除けば、ほとんどが高齢者の男女で占められている。私が泳ぐレーンは二十五メートルの途中でも休める初級者用で、その一方の隣のレーンは水中ウォーキング専用、もう一方は二十五メートル以上続けて泳ぐ中級者用のレーンになっている。私は、水中ウォーキングをしている家内に後から追い越されるくらいの超低速で無様な平泳ぎをしている。

ときどき、隣の中級者用のレーンを、いつもは水中ウォーキングをしている私と同年代の男性が見事なフォームのクロールで泳ぐのを見て、うっとりとすることがある。そんなとき思い出すのは、学生のとき、学友たちとスキーに出かけた蔵王のゲレンデでのある場面である。

それは、友人たちがクリスチャニアやウェーデルンなどの美しいフォームで滑降している姿を見て、緩やかな斜面ならやっとパラレルで滑れるようになった万年初心者の私が、もしあんなふうに滑れるようになれるレッスンがあるなら、間近に迫っているすべての試験を放り出してでも受けたいと思った、あのときのことである。

今はもう、若いころのようにむやみに人を羨むことはないが、それでもまだ羨ましいと思う人はいくらもいる。この年になっても、羨ましいと思う心情は、往生際の悪さの表れであるとは思うが、あえて詭弁を弄するとすれば、己の未熟さを自覚して、その不足分を補おうとするエネルギーがまだわずかながら残存している証であるかもしれない。私はそう思うことにしている。

リベンジの始末
――やられても、やり返さない

やられたらやりかえすというリベンジ行為は、物理学の法則である作用反作用のようなものであり、また、人間の本能に近いものだとも思う。そこには双方の力関係や背景因子の違いがあるため、どのような形となって表れてくるかは千差万別である。リベンジが成功したのか、それとも失敗したのかが誰にでもよくわかるほど表面化されることも、成功はしたがほとんど形となって現れないことも、まったくの不発で終わることも、長い間忘れていたのに、気がついてみるとリベンジを果たしたことと同じような状況になっている、などリベンジの始末は多彩である。

韓国の時代劇ドラマをいくつか見たが、ストーリーの中核はすべてリベンジだった。

いずれも奇想天外なストーリーの展開や役者の上手さについ引き込まれて、最終回まで見続けてしまった（中には五十一話の一年以上にわたる連続ものもあった）。物語の主人公の父や母や親族が、ある人物とその一族から悪逆非道の仕打ちを受けて、無惨な死を遂げる。主人公とその一族が悲惨な運命に翻弄されながらも、最後までリベンジを諦めずについに目的を達成するまでの波乱万丈の物語である。

現代ものの韓ドラはほとんど見ていないが、聞くところによると、多くのドラマはやはりリベンジが中心になっているそうである。そうなると、もしかしたら、今日の韓国の根強い反日感情は、もとを辿れば、伝統的なリベンジ志向の国民性に関わるもので、修復困難なものかもしれない、とそう思えてくる。

忠臣蔵に見る、むなしい人間の性

私たち日本人にもっとも馴染み深いリベンジ物語といえば、それは何と言っても忠臣蔵であろう。家臣の大石内蔵助（くらのすけ）以下四十七人が無念の死をとげた主君の仇をとるために、艱難辛苦（かんなんしんく）の末に、怨敵吉良上野介（きらこうずけのすけ）を討ち取って本望を遂げたのである。

このリベンジがさまざまな角度から、また、多くのフィクションを混ぜてだとは思うが、義理人情の機微に触れ、人々の心の琴線を震わせるように演出され、今なお芝居やテレビドラマに取り上げられている。

でも、これらのドラマを見終わったとき、私はいつも、何とも言えない虚しさを感じるのである。リベンジが達成されたあと、本質的には誰も幸せになっていない。遺された人たちはどうなるのだろうか、と不安になるのである。

何年か前に、池井戸潤による小説「半沢直樹シリーズ」のテレビドラマ化作品の中で半沢直樹が言う、「やられたらやり返す、倍返しだ」が一時流行語となった。人からひどい仕打ちを受けたとき、何とかして一矢を報いたいと思うのはごく当たり前の発想である。だが、たいていの場合、何もしないで、いや、何もできずに、じっと我慢をしてやり過ごすことになる。

そのようなとき、頭の中ではバーチャルリアリティー（仮想現実）として、あらゆる手段を用いてリベンジを繰り返して鬱憤をはらしていたりする。それがこのテレビドラマの中で、視覚的にはっきりとリベンジが描出されたこともあって、胸のすくような爽快な気分を味わうことができたのである。私たちは勧善懲悪を全うさせて、これにて一件落着として納まる夢物語が大好きなのである。

どうせなら、成功で見返すソフトリベンジで

中東で展開されている民族や宗教の違いが絡んだ紛争は、「目には目を、歯には歯を」のエンドレスのリベンジの応酬になっている。このリベンジの応酬に歯止めをかける試みがこれまでに何度となく行われてきたが、ことごとく失敗に終わって終息に至っていない。そこには、何世紀にもわたる根の深いわだかまりがマグマのように存在しているのは想像に難くない。

それでも何とか双方が妥協し合って、とりあえずリベンジの応酬だけでも終息させることができないものかと思うのだが、事態がそんなに甘くないことも確かであり、今や絶望感を抱きながら中東情勢のニュースを見つめている。

若いころ、仕事の邪魔をされたり、裏切られたり、無視されたり、窮地に陥っていたとき、信頼していた人に足を引っ張られて、ひどい目にあったことが何度かあった。

そんなとき、幸いなことに、体力は馬並みだったし、ならぬ堪忍するが堪忍を信条としていたし、それに、まあ何とかなるだろう、という生来の能天気な性格もあって、目の前の苦難を悲劇的には捉えずに、とにかくがむしゃらに頑張って急場を凌いできた。

そんなとき、自分をそんな目にあわせた人を憎らしく思いはしたが、リベンジをしてやろうという陰湿な気持ちになることはまずなかった。それよりこの急場を乗り越えて、どうだ、そう見捨てたものでもないだろう、と胸を張って見返してやることを目標にしていた。

リベンジには、相手を再起不能にまで追い込むハードなリベンジと、相手には直接手を下さずに、周囲から称賛を勝ち取るほどに成功を収めて、相手を見返すというソフトなリベンジがある。そもそもリベンジなどという物騒な代物は、時の流れに乗せて記憶の外に押し出してしまうに限るものだが、それでもリベンジが頭から消えないときは、遠くのほうからソフトリベンジを試みることにしてはどうだろうか。

私だって、まだ捨てたものじゃない

——若者との違いを嘆く前に

自分の年を思い知らされることに出会うと、まあ、そんなところだろうなと、さっさとそれを認めて、別のことに目を向けるようにすることがかなりすんなりとできるようになってきている。次から次に年には勝てないことが出てくるので、今ではもう驚かなくなっている。

駅の階段をまるで忍者のように軽々と二段跳びで、ときには三段跳びで駆け上がったり、転げ落ちるように階段を駆け下りている若者の早業などは、シルクドソレイユの軽業の演技を目の当たりにするような気がする。

だが、何十年か前には私もあれと同じようなことをごく当たり前のようにしていたのが嘘のように思えてくる。東京メトロ千代田線の新御茶ノ水駅のホームからJR御茶ノ水駅前に出る、あの見上げるような長いエスカレーターを、この私だって重い大きなサムソナイトのアタッシュケースを下げて、一気に駆け上がっていたのだと、今や手すりをしっかりと握りながら私の脇を駆け上がっていく若者に声をかけたくなる思いで眺めている。

案外役に立つ「昔とった杵柄」

今ではもう、めったにそんなことはないが、それでもごくまれには、「私だって、まだ捨てたものじゃない」と見得を切りたくなることもある。小学五年生の孫の男子と居間のテーブルにピンポン用のネットを張ってピンポンをするのだが、今のところ私のほうが断然上手い。こんな小さなテーブルでするピンポンでも、昔とった杵柄(きねづか)が結構役立つもので、孫がやっきになってかかってきても私には敵わない。

それというのは、私には若干のキャリアがあるからである。高校時代、昼休みに卓球の名手で高校卒業後に明治大学の卓球部で大活躍した友人から、ある時期本気で手ほどきを受けていたので、今でもその当時教わった技法が痕跡的ながら残っていて、それが孫からの猛攻を遮っているのである。

このピンポンを孫とやっているときは、「まだ、そう捨てたものじゃないな」という気分でいるのだが、そう思っていられるのももうそんなに長くはないことは目に見えている。

この小学五年生の孫に一年ほど前に将棋の手ほどきをした。今のところは、飛車と角を落しても私が難なく勝っているが、ときどきはっとするような攻め方をされることがある。まだ当分の間は負けるはずはないと思っているが、それはまだ孫が本気になって勝とうとしていないからで、もし、本気になって立ち向かってくれば、そう簡単には勝てなくなり、いずれは負けることになるに違いない。その片鱗がうかがえるだけに、まだ、そう捨てたもんじゃない、と思っていられるのもそんなに長いことではないだろうと、そうなることを心待ちしている。

大学入試の英語問題に挑戦してみる

毎年行われる大学入試センター試験の英語の試験問題が新聞に発表されると、それにチャレンジすることをもう長年続けている。ヒアリングを除く問題で、毎年、ほぼ八割強を正解している。加齢につれて正解率が落ちていないところをみると、まだ、私の脳はそれほど衰えていないようであり、まんざら捨てたもんじゃないな、と満足している。

海外旅行をするときは、行き先の国の言葉ができるだけ多く口から出るようにしたいと心がけている。それには、試験前の一夜づけの勉強のように、カタカナでルビが振られているごく簡単な旅行用の会話の文章をとにかく丸暗記するのである。

英語圏以外にはイタリアとフランスに出かけることが多いので、イタリア語とフランス語の旅行用テキストはもうかなり使い込んでおり、だいぶ傷んできた。そんなテキストを開いて、さあまたやり直そうとなると、ごくわずかに、それもところどころにしか記憶の跡が残ってはいないので、結局はすべてゼロからのスタートとなる。

旅行が決まると、出発の二、三ヶ月前にテキストを引っ張り出して、かつて歴史年表を丸暗記したように、会話文の暗記を始めるのだが、これが結構、楽しいのである。

暗記しだすと記憶の奥の奥のほうに隠れていた言葉がひょっこり顔を出したりして、出発するころになると、前回旅行したときのレベルくらいにはなっている。

そんなときには、年をとって記憶力が衰えたとはいえ、まだ、そう捨てたものではないな、とひそかに鼻を高くするのだが、数年前からは、もうこんなことができるのもこれが最後かなという思いが脳裏をかすめるようになっている。

傘寿を過ぎた身でありながら、まだ、そう捨てたものではない、と感じられることがほんの少しとはいえ、あるというのは、口幅ったいことを言うようだが、頭と体が使い物になる限り、医者でありたいという意欲があるからだと思っている。

後継者なし

――後ろを振り向かなければ、人生は面白い

たいていのサラリーマンは定年退職するとき、後任人事の選定には先任者である自分の意見も多少は参考にされるかもしれないが、最終的には人事部が決定することなので、後任者に事務的な申し送りをすることで仕事を継続させることになる。

だが、心情的には自分のこれまでの仕事をしっかりと継続させることができた、というところまでにはいかないと思っている人もいるだろう。自分で立ち上げたプロジェクトを道なかばのまま後任者に託す場合、はたしてこれから先はどうなるかはわからない。後任者が自分と同じくらいの熱意と力量を発揮して、そのプロジェクトを発展させてくれるかもしれないし、それにはまったく興味を示さずに、別のプロジェク

トに切り替えてしまうかもしれない。

もう、後ろを振り向かずに、今、自分の目の前に広がっている世界をどう生きていくかに希望の芽を求めたほうが人生を面白くできそうである。

あとは野となれ山となれ

医科大学で新しい教授が就任すると、前教授の研究テーマを継承することもあるが、これまでとはまったく異なる研究テーマを中心にした研究体制になることがある。いや、そうなることのほうが圧倒的に多い。そうなると、新教授についていけない研究者が大学を辞めて他の施設へ移ったり、また、他の施設から研究スタッフとして加わってくる、という大きな人事異動が想定内の出来事として起きるのである。

専門的な研究業績が豊富で今後の研究活動が嘱望されている人物がいいか、それとも、研究よりも実地臨床への関心が高く、臨床医を育てることに情熱を抱いている人物のほうがいいか、私も後任教授の推薦を決定するのに苦慮したが、最終的に到達した結論は、臨床重視の人物を推すことだった。

その後の教室の発展ぶりを二十年近くにわたって見てきて、外部から優れた人材が集まり、活動範囲が広がり、予想できなかった新しい研究体制が整ってきているのがわかり、なるほど、こういうこともあるのかと、突然変異的な展開に驚きながらも、正直、満足している。

サラリーマンが退職するときは、仕事の引継ぎをきちんとしておきさえすれば、言葉は悪いが、あとは野となれ山となれの気楽な気分で、自分のこれから先のことだけを考えて会社を後にすることができる。これはサラリーマンの特権である。残された仕事のことをとやかく悩む必要がないので気楽といえば気楽なのだが、自分の足跡がそこで途絶えてしまうようにも感じられて寂しい気持ちになる人もいるに違いない。

刑事もののテレビドラマに、定年を迎えた刑事が長年にわたり担当した事件を未解決のまま後任者に任せて退職したが、その後も密かに犯人の探索を続けている姿を描いたものが登場してくることがある。現実にはまずそんなことはないだろうと思いながらも、そんな元刑事の割り切れない気持ちは、実は私もそうなのだが、定年退職した元サラリーマンの心に響くものがあるのではないかと思う。

日本の伝統的な芸能である、茶道、華道、狂言、能などの家元・宗家や歌舞伎の名跡は、一族の中から選ばれて代々継承されていく世襲制が原則である。親の仕事を子供が継ぐという世襲制は、仕事を安定して継続させるためのごく自然な社会形態であり、今でも多くの職業の基本になっている。

営々と築きあげてきた今の立場を自分一代で終わらせてしまうのはあまりに惜しいので、何とかして子供に跡を継がせたいと思うのは親の心情として理解できる。小さいころからそんな親の気持ちを言い聞かされてきている子供は、それをプラスのストレスとしても、また、マイナスのストレスとしても受け止めている。

そして、親の期待にどう応えるべきかを長い時間をかけて考えて結論を出すことになる。最終的に、親が期待していたようにならなかった場合には、それ以上の強制はしないという覚悟が親には必要になる。親の心、子知らずであるのと裏腹に、子の心、親知らず、でもあるのも本当なのである。

自分で決めたことなら諦めがつく

私の身近の開業医の一人娘が医学部へ進まず文系の学部へ進学した。学力の面からは医科大学への進学がまったく無理ということではなかっただけに、親は時間をかけて娘を説得したのだが、娘の決心は固く、諦めざるを得なかった。親の跡を継いだほうがよかったか、継がずに自分の決めた道を選んだことがよかったかは、ずうっとあとになってからでもわからないものである。でも、確かなことは、自分で決めたことなら、たとえうまくいかなかったときでも、それなりに諦めがつくことである。

私には跡取りがいない。二人の娘は嫁いでいるので私の姓を継ぐ者は誰もいない。私は三男坊なので子供のころから家を継ぐという観念がまるでなく、今さら自分の姓が継がれなくなってもどうということはないと思っている。家内は三人娘の長女で、二人の妹も嫁いでいるので家内の実家の姓も空っぽになっている。

家内の両親は生前、市内の寺に墓を建て、その際、私たち夫婦もそこに入れるように名前を記入してくれた。いわば二世帯墓地ということになった。死んでしまったあとのことなど、どうでもいいことなのだが、まあ、これで跡継ぎがいなくても、何とか形が整ったと思えてきて気が楽になっている。

人生は試験の連続

――最後の試験は認知症判定

傘寿を越えたこの年になるまでの長い人生の時の流れの中で、そのときどきの自分の能力を試された試験は大小合わせれば何百、何万、いやそれ以上になるかもしれない。はたから見れば、それが大したことのない、小さな試験であっても、本人にとっては、自分の能力を試されているわけであり、ストレスであることには違いない。

いつごろからだったかの記憶は定かではないが、多分、高校生のころからだと思うが、試験を苦痛に思う感覚と同時に、治りかけた切り傷にほんのりとした痛痒さを感じるような、妙な快感がにじみ出ているのを自覚するようになっていた。

これと同じような感覚は今も、講演会の会場の舞台の袖で出番を待っているときのあの緊張感の中にもある。講演会で上手く話ができるだろうかという不安と、自分ならできるという自信とが絡み合って、緊張感と快感が沸き上がってくるのである。これはまさしく大きな試験を受ける直前の緊張の中の快感と同じである。

知識を脳細胞に定着させる

学校での試験は、まとまっていない知識を整理整頓するのに役立っている。そして、いまだ冬眠状態になっている未熟な脳細胞を叩き起こして、本来の知的作業に駆り立てるのも試験である。学生時代の試験のための猛勉強で、無理やり大脳に押し込んだ知識が今も時折だが、ちらほらと顔を出すことがある。これは、試験勉強が強力な接着剤となって、知識を脳細胞に定着させる効果があるという証左である。試験が終わった途端に消えてしまう一夜づけの知識であっても、脳細胞の肥やしにはなっているのだろう。愚鈍な私でも、試験が終わったあとにはいつも、頭の回転が前より少しよくなったように感じていた。

私は試験が終わったあとのあの解放感がたまらなく好きだった。試験の出来、不出来はどうであれ、それがようやく終わったということが、険しい山道を登りきって、ついに頂上に達したときの安堵感にも似ていて、しばらくは何もする気になれずに、怠惰な時間の中で寝転んでいるようにして過ごすのが好きだった。

資格取得もまた楽し

高齢者でも、さまざまな資格（社会保険労務士、中小企業診断士、ファイナンシャル・プランニング技能士、宅地建物取引士、管理業務主任者、建築物環境衛生管理技術者、マンション管理士など）を取得するための試験を受けることができる。しかし、どんなに優秀な頭脳の持ち主でも、若いころと比べれば、理解力や記銘力や持久力はかなり低下しているはずであり、いかなる資格試験も、そう簡単に合格するとは思えない。

難関の試験に果敢に挑戦している高齢者に接すると、もうすでにいくつもの名峰を制しているにもかかわらず、それには満足せずに、次の目標として定めた、眼前に聳（そび）える未踏の山頂に向かって、ひたすら歩を進めているように思えて、その逞しい闘魂に敬意と羨望を感じるのである。

記銘力に関しては、これから先のことはわからないが、今のところは、まずまずのところにとどまっているので、仕事や日常生活に支障をきたさずにはすんでいる。だが、記銘力の衰退の兆しを時折自覚するのも事実である。

何年か前に運転免許証の更新のために、自動車教習所で実地運転と認知機能検査のテストを受けた。実地運転のテストには、私より何歳か年上の男性二人と同乗して、交替で構内のコースを運転してから、バックで所定の場所に駐車することが組み込まれていた。私は何回か切り返しをしたが、それでもきちんと正位置に駐車することができたが、同乗していた二人は私より苦労していた。

認知機能検査では、車やピアノなどのいくつかの絵を提示されたあと、それらのすべての名前を思い出して書け、という人を馬鹿にしているような簡単な記憶テストだったが、一つだけ思い出せずに、満点をとることはできなかった。そのときは、ちょっとショックを受けたが、今なら一つのミスではすまされないかもしれないと密かにそう思っている。

高齢者がこれから先、受けることになるかもしれないテストとして、本格的な認知症判定テスト、たとえば、長谷川式簡易知能評価スケールがある。このテストでは、現状の把握（年齢、日時、居場所）ができているか、簡単な計算ができるか、基本的な記銘力・記憶力が保たれているかなどを客観的に評価するように設定されている。できればこのような試験を受けずにすませたいと思うが、近親者から認知機能が加齢に伴う生理的範囲を逸脱して低下していることを指摘された場合には、自分ではそうとは思わなくても、専門医の診察を受けるべきである。

認知症は早期に発見され、早期に適切に治療されれば、病状の進行を遅らせたり、抑止することも可能なのである。多くの人が人生最後に受ける試験は、多分、認知症判定試験なのかもしれない。

時は命なり
——限られた一日二十四時間を、どう使うか

時間とは実に不可解なものだと思う。すべてのものが時間の関数の中に取り込まれていて、そこから一歩も抜け出せないでいる。時間から開放されるのは生の終点に到達したときである。すべての人に平等に一日に二十四時間が与えられている。その二十四時間をどのように過ごすかで、その人の人生のページに書き込まれる文字に相違が出てくる。

時間の「松竹梅」を意識する

一日をどう過ごすかの大枠は、学生時代には授業・講義の時間割があるし、現役時

代には仕事の日程が決まっているし、仕事を離れてからも人それぞれの生活スタイルが決まっている。

私はもうずっと昔から、一日のうちでもっとも頭の回転がいい午前中が「松」の時間、中ぐらいに回転している夕方までが「竹」の時間、そして、最低の回転しかしていない夜が「梅」の時間として、それぞれに見合った時間の過ごし方をするようにしている。医書を読んだり、書き物をするのは「松」の時間、読書するのは「竹」の時間、テレビを見たり、音楽を聴いたりするのは「梅」の時間になる。

だらっと全身を投げ出すような弛んだ時間はもちろん好きだが、テレビやラジオに出演しているときや講演しているときのように、全神経を集中して高度な緊張を保っている時間にも快感を覚える。また、講演会で舞台の袖で出番を待っているときの緊迫感が漂うあの時間も実は私の好みである。これから何か新しいものが始まるという期待感が時間を大きく膨らませるのである。

友人の旭日双光章受章祝賀パーティーで同窓生代表としてのスピーチを三分間厳守で依頼されたことがある。私はこの手の時間厳守の短いスピーチを秒単位の正確さで話すことには慣れている。それは、NHKラジオ第一放送での「ラジオ電話相談」（二〇一三年三月二十一日終了）という生放送で、三十年間近く循環器部門を担当していたからである。

初めのころは毎月一度出演していたが、この番組が終了となる五年前に番組が大幅に改変されてからは年に六回くらいになった。この番組は全国のリスナーから寄せられる質問に直接お答えする、十五時十六分から十五時四十六分までの生放送で、途中に五分ほどニュースと短い音楽、地方によっては交通情報が挿入された。

ニュースへとつなぐ時間と番組終了へとつなぐ時間を、それぞれ何時何分にと厳守するよう指示されていたので、リスナーと話をしながら、目の前にいるアナウンサーが、「それでは、ここでニュースをお伝えします」「それでは、今日は、これで失礼いたします」と言えるだけの時間を残して、話を切り上げなくてはならなかった。

初めのうちは秒単位のバトンタッチに戸惑うことがあったが、それにはすぐに慣れて、自分で言うのもおこがましいが、寸秒たがわずスムースに行えるようになり、アナウンサーからは称賛を浴びることがよくあった。講演も指定された終了時間を秒単位の正確さで守ることを目指してきた。これなどは自分のこだわりだけでそうしているに過ぎず、それに気づいている人は誰もいない。

だが、世の中には想像を絶する正確さで時間を制御できる人がいるのである。何年か前の大晦日に、ベートーベンの交響曲第九番（合唱付き）を午前零時ジャストに終了することを公言しての演奏がテレビ中継され、まさに秒針が午前零時を指した瞬間に演奏が終了したのを見たことがある。まさに神業ともいえる演奏だった。それに比べれば私の時間厳守など子供だましのようなものなのだが、それでも小人の私はそれをやり終えたときには若干の達成感を味わってにんまりするのである。

大学入試の合格発表、会社からの採用通知、人事の発表、がん検診の結果通知など、一生の間には誰にでも、その後の運命を左右する決定的な瞬間がある。そして、その瞬間が時々刻々と迫って来るのをじっと待っている時間はまさに命を削っていることを実感することになる。その結果が幸運なものであっても、不運であっても、ずっとあとになってみると、人生の色彩を見事に個性的なものに仕上げている。

「人生の残り時間」が怖くなったら

年末が近くなると、もうそんな時期になるのかと、あまりにも一年が早く過ぎてしまったことと、人生の持ち時間が残り少なくなったことへの認識とが重なって、慄然となることがある。

そんなときには、今日は残りの人生の最初の日、とおまじないを唱えて気分転換をはかることにしている。

「君を忘れられるために　時よ　はやくすぎておくれ」

これは岸洋子が歌っていた「昔きいたシャンソン」（作詞＝主太郎、作曲＝さとう宗幸）の中の一節である。今では、時はできるだけゆっくりと過ぎてほしい、できればしばらく止まっていてほしいと願っているので、間違っても、早く過ぎてほしいなどとは一瞬たりとも思わない。だが、若いころには、試験に失敗したり、失恋したり、大切な人と死別したりしたときなどで、時間が早く過ぎてほしいと思ったことがいく度もあった。

時間はときに、はしゃいだり、騒いだり、暴れたり、沈黙したり、眠ったりする。
そんな時間が今、愛おしく感じられてならないでいる。

何とかなる

――「足し算的」発想が窮地を救う

あのときは、万策尽きてもうどうにもならないと思っていたことが、あとになってみると、まあ、それなりに何とかなって収まっている。そうは言っても、難しい局面の真っ只中にいたときは、そこから抜け出すために悪戦苦闘していて、何とかなるだろうなどとは思ってもいなかった。精も根も尽き果てて、なす術もなく、ただ身をすくめてじっと耐えるしかなかった。そんなことがこれまでにどのくらいあったか計り知れないほどである。

ところが、年をとるにつれて、物事の先行きが少し見えてくるようになると、ある時点で、このあとはなるようにしかならないとして、成り行きを静観するようになる。

しかし、その根底には、何とかなる、という醒めた自信のようなものがあるのも本当である。

何とかならないままで終わることはない

何とかなるとして受けとめる姿勢の中には、逆境に耐える強さがなくてはならない。逆境に晒されたとき、自暴自棄になったり、意気消沈してしまうか、それとも、じっと耐えて冷静に動向を見極めることができるかで、その後の成り行きが大きく違ってくる。これは、明るい所から突然暗闇の中に入ると、瞳孔が縮小したままなので、すぐには周囲がよく見えないが、しばらくすると瞳孔が開いてきて、よく見えるようになる「暗順応」という生理的な現象に似ている。

このとき、ただじっと耐えているだけではなく、今、できることに注意を集中して、周囲の状況がわかるようになったときに、すばやく行動に移せるように準備しておくことが肝要なのである。

どんなに難しい状況になっても、何とかならないままで終わることはない。何とかなるのである。問題は、その何とかなる結末がどのようになるかである。その落ち着き先は、最高のAランクから最低のZランクまでさまざまであろう。

これだけは絶対に人に負けない得意なことが身についている人や、じっと耐えているとき、心のど真ん中に小さくても希望の灯りを点すのを忘れないでいる人は、何とかなるランクを高くするチャンスがある。

私にもほとんどの人がそうであるように、子供のころからいくたびとなく行く先が大きく阻まれる事態に遭遇し、そのたびにそこを何とか抜け出して前へ進んできた経験がある。そうした厳しい経験を重ねているうちに、免疫反応の抗原と抗体のように、逆境が抗原になって我慢する抗体ができたのかもしれないと思えるほど我慢強くなった。その我慢強さを産み出すのを助ける触媒のような作用をしたのが生来の楽天的な性格だったと思う。

私の発想は掛け算的ではなく足し算的である。一気に大きな結果を出せるほどの能力がないことは小さいころから骨身にしみて自覚している。だが、こつこつと一つずつ時間をかけて積み上げていく粘着性気質で何とか人並みのレベルに列していられるという自信だけはある。今、思い出して、ほんの少しだが誇らしく思えるのは、研究設備がまったくない地方の病院に赴任したとき、そこでも工夫と努力次第で研究を続けることができると信じて行動を起こしたことである。

当時はすでに大学や大きな研究施設では、コンピューターを駆使して心電図波形の詳細な計測・分析・統計処理などが行われていたが、その病院にはもちろんコンピューターなどはなく、すべて手作業で行わなければならなかった。コンピューターを使えば、実際の計測は数時間で終了すると思われたが、私は一日五時間以上かけて計測し、丸々二年かけて終了した。

こんなことができたのは、これを続けていれば、「何とかなる」と信じていたからだと思う。そして、実際にAランクに近いものに何とかなったのである。そのデータを分析した結果をまとめた論文が国際的に高く評価されている米国の循環器専門誌に採択され、このことがその後の私の進路を大きく切り開いてくれたのである。

「しない」で後悔するより、「して」後悔する

「為せば成る、為さねば成らぬ何事も、成らぬは人の為さぬなりけり」と米沢藩藩主の上杉鷹山（ようざん）が努力の重要性を強調したが、いくら努力をしてもうまくいかないことがいくらでもある、と反発する人も少なくないだろう。たしかに、努力が必ず報われるとはかぎらないし、何もしないで成り行きにまかせていたほうがよかったということもあるかもしれない。しかし、たとえ努力が無駄で終わったとしても、そこで得られたものは決して少なくないと、これまでの経験を通して確信している。

問題解決のために、あることを「する」か、「しないか」の二者択一を迫られたとき、私は、「しない」で後悔するより、「して」後悔するほうを選択するはずなので、無駄とわかっていても、努力をする立場を選ぶと思う。

若い人はもちろんのこと、高齢になっても、何とかなる、と受動的に考える前に、何とかする、という積極的な発想でことに当たる気構えを持つことが生きる姿勢をしゃきっと整えてくれるように思う。

＊本書は書き下ろし作品です

石川恭三（いしかわ　きょうぞう）
一九三六年、東京生まれ。慶應義塾大学医学部大学院修了。ジョージタウン大学留学を経て、杏林大学医学部内科学主任教授。現在は名誉教授。臨床循環器病学の権威で、専門の心臓病に限らず幅広く活躍。執筆活動も盛んで、著書多数。主な著書に『心に残る患者の話』『医者の目に涙ふたたび』『医者が見つめた老いを生きるということ』『医者いらずの本』『死ぬ前の覚悟』『名医がすすめる定年からのいい生き方』『50歳からの健康歳時記』『60歳からの5つの健康習慣』『命の時間を抱いて』『医者いらずの老い方』『一読、十笑、百吸、千字、万歩――医者の流儀』『沈黙は猛毒、お喋りは百薬の長』『老い越せ、老い抜け、老い飛ばせ』『いい老い加減』など。

百歳を生きる処方箋
――一読、十笑、百吸、千字、万歩

二〇一九年二月一八日　初版印刷
二〇一九年二月二八日　初版発行

著　者　石川恭三
装　丁　坂川栄治＋鳴田小夜子（坂川事務所）
発行者　小野寺優
発行所　株式会社河出書房新社
〒一五一―〇〇五一
東京都渋谷区千駄ヶ谷二―三二―二
電話　〇三―三四〇四―一二〇一（営業）
　　　〇三―三四〇四―八六一一（編集）
http://www.kawade.co.jp/

組版　KAWADE DTP WORKS
印刷・製本　三松堂株式会社

Printed in Japan　ISBN978-4-309-02780-7

河出書房新社・石川恭三の本

医者いらずの老い方

医者にかからず、病気にならず、豊かに老いを迎えるには？　心と身体の上手な休め方、老化防止の秘策を名文で綴る四十五篇。

一読、十笑、百吸、千字、万歩
——医者の流儀

八十歳・現役医師が提唱する、実りある老いを生きるための最良の方法！　無理なく続けられる健康法の数々。書き下ろし三十六篇。

沈黙は猛毒、お喋りは百薬の長

笑顔の老後に向けて、今すぐできること！　お喋りと早歩きの驚くべき効用等、日常生活での健康の知恵が満載。書き下ろし三十六篇。

老い越せ、老い抜け、老い飛ばせ

今日一日、明るく生きましょうよ！　名医が教える老化防止の秘策、元気に歳を重ねるための極意、三十六篇。豊かな老いへの第一歩。

いい老い加減

喋って、動いて、考えて、よく寝て、よく食べ、よく笑え！　笑えば気分爽快、免疫力もアップ！　老い方上手の秘訣を綴る三十二篇。